柔性化定制趋势下定制服装品牌
忠诚度驱动因素研究

王庆惠◎著

中国纺织出版社有限公司

内 容 提 要

本书共分为六章，分别是绪论、相关研究文献综述、柔性化定制趋势下的定制服装消费流程、研究设计、数据统计与分析、结论。笔者旨在通过对曾经参与服装定制的消费者进行访谈与问卷收集，结合定制服装顾客的消费流程和消费心理，构建定制服装品牌忠诚度的评价体系，以便于企业快速掌握消费者的需求及发展变化，适时调整营销战略，并探索定制服装品牌忠诚度的演化路径。

本书既可作为服装专业院校师生的学习参考，也可作为相关从业人员的自学用书。

图书在版编目（CIP）数据

柔性化定制趋势下定制服装品牌忠诚度驱动因素研究 / 王庆惠著 . -- 北京：中国纺织出版社有限公司，2023.8
ISBN 978-7-5229-0774-1

Ⅰ. ①柔⋯　Ⅱ. ①王⋯　Ⅲ. ①服装－品牌营销－研究　Ⅳ. ① F768.3

中国国家版本馆 CIP 数据核字（2023）第 137299 号

责任编辑：孙成成　　责任校对：高　涵　　责任印制：王艳丽

中国纺织出版社有限公司出版发行
地址：北京市朝阳区百子湾东里A407号楼　邮政编码：100124
销售电话：010—67004422　传真：010—87155801
http://www.c-textilep.com
中国纺织出版社天猫旗舰店
官方微博http://weibo.com/2119887771
天津千鹤文化传播有限公司印刷　各地新华书店经销
2023年8月第1版第1次印刷
开本：787×1092　1/16　印张：11
字数：200千字　定价：88.00元

前言

　　在日益激烈的全球竞争中，向大众销售相同的标准化产品的尝试已经变得不那么有利可图了。消费者想要个性化的产品和多样化的服装，他们对不符合期望的服装变得不再宽容。随着消费者对服装的需求增加，期望个人偏好能得到满足，定制服装应运而生。定制将消费者置于价值链的起点，将他们整合到产品开发过程中。随着互联网的快速发展，允许消费者使用虚拟工具完成服装定制，以创造个人用户体验，同时也意味着服装品牌在向消费者提供个性化的服务。在该业务范围内，消费者可以全过程参与选择面料颜色、织物类型、设计、制板、生产流程、配件。它允许消费者决定如何设计以及应该设计什么，在此过程中，消费者可以得到他们想要的个性化定制的服装，也可以决定他们想要的方式及时间。通过定制选项，消费者能够填补市场提供的产品和自己真正想要的服装之间的缺口。在满足消费者享受选择和定制体验这些需求的情况下，他们愿意再次购买。

　　消费者购买定制服装产品被确认为个人需求和产品特性之间的更好匹配，满足消费者的主观美感，且通过定制具有独特性的服装，享受具有创造价值的定制过程以及获得自我成就感而感到满意。同时也可能因为产品的独一无二，获取定制服装的娱乐价值、惊喜价值和体验价值。通过定制提高了服装包含社会属性在内的各种性能，减少购买后的修改要求，增强与品牌的情感关系及黏性，培养了顾客的忠诚度并增强了支付意愿。通过定制，品牌提供比大众标准化服装更符合消费者偏好的服装，从而创造更多的产品价值。越来越细分的定制服装消费市场促进了消费者定制需求的多样化，为了满足消费者的需求，服装品牌和企业根据消费者的气质、偏好、体型、身份地位和经济能力选择适合其风格的服装款式，通过定制服装这种差异化、个性化的符号努力达到消费者的期望。但在服装行业激烈竞争的背后，同质化和低成本是服装产业发展的基本特征。如何在复杂的市场环境下实现产品差异化，提高客户忠诚度，增强品牌影响力，从成本导向的竞争向服务和品牌导向的竞争转变，重构服装品牌的价值链，鼓励企业在价值链上不断攀升，这是许多服装品牌和服装企业面临的共同挑战。

对定制服装品牌来说，要使企业在激烈的市场竞争中与竞争对手有明显的差异，谋求更好的发展，良好的品牌形象、鲜明的品牌个性、过硬的产品质量、优质的顾客体验等都是促进品牌发展的必备条件，同时还要了解当下服装消费者需求的不同类型，进而洞察消费者内心最看重的价值，只有这样才能提高顾客感知价值和满意度，品牌也才能从激烈的市场竞争中获取较大的市场份额，从而留住顾客并使顾客忠诚于品牌。

本研究在总结众多学者相关研究的基础上，提出了基于顾客感知价值和顾客满意度的定制服装品牌忠诚度的全新的研究逻辑框架，运用SPSS和Amos等统计分析软件对采集数据进行分析，对柔性化定制趋势下定制服装品牌忠诚度的驱动因素进行了理论与实证研究。定制服装的品牌忠诚在柔性化定制趋势下是态度和行为综合的忠诚。顾客与品牌之间存在密切的联系，顾客既要对企业提供的产品、品牌、服务、体验等感到"物有所值"，又要对企业提供的产品和服务满意并能超过自己的预期，才会对品牌保持忠诚。本研究基于该中心点，按照"问题提出、相关文献综述、消费者定制服装流程理论分析、提出假设与模型构建、模型检验、讨论与启示"的架构来展开研究。

王庆惠

2023年1月

目 录

柔性化定制趋势下定制服装品牌忠诚度驱动因素研究

定制服装是伴随消费者日益增长的个性化需求产生的，在此背景下，人们根据自身独特的个性追求服装带来的差异性的个体符号来体现自己的社会身份和地位。在中国消费市场，特别是以服装为中心的时装市场，消费者的消费倾向和个性越来越多样化、时尚化，提供独特、专业的商品和服务的服装品牌的增长势头也越来越明显。另外，越来越细分的服装消费市场也促进了消费者需求的多样化，为了满足服装消费者的需求，品牌和企业根据消费者的气质、偏好、体型、身份地位和经济能力选择适合其风格的服装款式，通过定制服装这种差异化、个性化的符号努力达到消费者的期望。对定制服装企业来说，要想在激烈的市场竞争中与竞争对手有明显的差异，谋求更好的发展，良好的品牌形象、鲜明的品牌个性、过硬的产品质量、优质的顾客体验等都是建立定制服装品牌的必备条件，同时还要了解当下服装消费者需求的不同类型，进而洞察消费者内心最看重的价值。只有这样才能提高顾客感知价值和满意度，品牌也才能从激烈的市场竞争中获取较大的市场份额，从而留住顾客并使顾客忠诚于品牌。

第一节 研究背景

一、品牌忠诚是衡量定制服装品牌在市场竞争中保持优势的重要因素

我国消费市场正逐步从"卖方市场"向"买方市场"过渡。消费者不仅对服装的款式、面料、风格、色彩、工艺、配件、细节等多方面都提出了个性化要求，而且对服装设计与生产过程中，品牌或企业是否能更好地满足其个性追求、气质、爱好等方面给予了更多关注。仅仅一件产品已不能完全满足消费者，他们追求的是包括产品在内的一切关于品牌的整体满意度。服装品牌向消费者提供的不是一件只在技术上保持优势的产品，而是包括产品、服务以及额外的附加值（如风格和情绪）在内的顾客感知价值，消费者对此满意进而提高品牌忠诚度是目前服装定制品牌及企业最常用的市场策略。过去那种靠高品质或多服务的策略已不能积极影响品牌的发展与壮大，已转变为提供的产品和服务能否超出顾客期望、满足顾客的整体需求和如何使顾客愿意再购买及吸引潜在客户。

服装企业单纯地追求顾客满意已经成为过去，当今的品牌管理者和市场营销专家将如何获得顾客的品牌忠诚并将其转化为品牌资产作为奋斗的目标（范秀成，郑秋莹，姚唐，等，2009）[1]。目前，服装企业面临同质化严重的市场环境以及消费者消费理念的改变，满足顾客的个性化需求、提供差异化的服务和产品，成为企业长盛不衰的秘诀。根据西方营销学者哈洛韦尔（Hallowell R）[2]和迈克尔·佩奇、莱

[1] 范秀成，郑秋莹，姚唐，等. 顾客满意带来什么忠诚？[J]. 管理世界，2009（2）：83-91.
[2] 哈洛韦尔. 顾客满意度、顾客忠诚度和盈利能力的关系：实证研究[J]. 国际服务业管理杂志，1996，7（4）：27-42.

兰·皮特等学者（Page M，Pitt L）❶的研究和经验，顾客忠诚与品牌在市场竞争中所获得的利润正相关，因为吸引一个新顾客所耗费的资金远远大于维持一个忠诚顾客的付出。根据弗雷德里克、托马斯（Frederick，Thomas）❷等学者的研究，如果客户保有率增加5%，那么每位客户的平均价值就会增加25%～100%。忠诚的顾客不仅对企业的产品和承诺是一种理性偏好，更对品牌和企业注入自己的情感，会在将来很长一段时间对品牌产品重复购买和消费，且乐意成为品牌的传道者，把该品牌的产品和服务努力推荐给别人，愿意为其支付较高的溢价，并且不管情境和营销方式发生何种变化，一般都不会轻易转向其他品牌。当发现产品或服务有问题时不仅不会抱怨，反而会把信息主动反馈给企业并提出合理的建议。

众多学者的研究成果发现顾客忠诚比市场份额、单位成本以及其他与公司利润有关的因素具有更显著的影响。企业的市场占有率主要来自新老顾客。对于定制服装这个快速发展的行业，稳住现有的顾客，提高现有顾客对品牌的忠诚度和购买频率的同时，如何向新顾客提供高质量的产品、服务和定制体验来获得更多的市场份额是目前定制服装品牌需要解决的问题。由于市场竞争日益激烈，品牌越来越认识到争取新顾客付出成本的增加以及留住老顾客的重要性，提高顾客保留率成为品牌和企业营销战略的新目标。因此，大卫·阿克和克里斯汀·摩尔曼（Aaker，Moorman）❸指出企业要增长利润，就要获得比竞争对手更高的市场占有率，即获得更多的忠诚顾客，这在企业获得更多利润的过程中具有举足轻重的作用，被认为是企业的一项重要资产。因此，认识顾客忠诚和品牌忠诚度相关概念，对于企业的战略营销管理有着非常重要的意义。

就定制服装企业而言，树立品牌能帮助其在竞争中区别于对手并获得更好的发展机遇，同时成为定制服装企业之间产品与服务差异的标志，有利于同消费者建立

❶ 迈克尔·佩奇，莱兰·皮特，等. 分析客户流失及其对企业绩效的影响：以 Indco 为例［J］. 营销管理杂志，1996，12（7）：617-627.
❷ 弗雷德里克，托马斯. 忠诚效应：增长、利润和持久价值背后的隐藏力量［M］. 波士顿：哈佛商学院出版社，1996.
❸ 大卫·阿克，克里斯汀·摩尔曼. 战略市场管理［M］. 纽约：约翰·威利父子出版公司，2017.

密不可分的关系。从某种意义而言，企业的竞争就是品牌的竞争，把品牌可持续发展战略作为基本竞争策略恰当运用，从而占据市场。然后，品牌以价值创造为核心目标为消费者带来感知价值，让消费者愿意购买和推荐，从而提升消费者对品牌的忠诚度，并将之转化为未来的销售利润增长点。因此，为赢得更大的市场份额，扩大市场空间，创造更多的收入，定制服装品牌企业需要在品牌个性鲜明、产品质量过硬的基础上提升品牌形象，扩大社会影响力。与此同时，向顾客提供优质的消费体验，通过各方面、各层级的综合努力提高顾客感知价值，进而留住忠诚顾客，这不仅使品牌在市场上占有更大的份额，而且依靠老顾客的传帮带作用吸引新的消费群体，这就意味着企业会以更小的营销成本赢得更多的忠诚顾客。因此，服装定制企业需努力突出竞争优势，采用差异化、个性化的产品与服务，完善顾客的消费体验，赢得顾客对品牌的忠诚。

二、生产方式的变革促进了服装柔性化定制的发展

从生产方式的发展史来看，服装业也经历了农业社会的"作坊生产"、工业社会的"大规模生产"和后工业社会的"精益生产"三个阶段。美国杰出的未来学者阿尔文·托夫勒（Alvin Toffler）❶于1970年在《未来的冲击》中提出未来生产的新趋势是以柔性制造为基础的大规模定制，它通过大规模生产的成本与时间来为消费者提供满足其特定需要的产品和服务，这就是从批量生产标准化产品到通过灵活的流程和组织架构来有效地为消费者提供个性化的产品或服务。内容包括：①把每个顾客看作独立的个体。②生产和设计始终从顾客角度出发。③营销战略制定遵守顾客和企业协商一致的原则。④大规模生产是主要生产方式。吴迪冲和顾新建在《服装大规模定制特性分析》（2005）❷中针对服装大规模定制提出，首先，企业根据消费者个性，选择合适的面料，向顾客提供低价高效且符合顾客需求、款式优美的产品。其次，通过数字化的服装设计系统和智能化制造设备、自动化生产线以及上下游互通

---

❶ 阿尔文·托夫勒. 未来的冲击 [M]. 纽约：班塔姆图书公司，1970.

❷ 吴迪冲，顾新建. 服装大规模定制特性分析 [J]. 纺织学报，2005（3）：150-152.

的供应链系统，通过线上、线下等渠道向消费者提供大规模定制服务。消费者则通过购买大规模定制产品获得自我需求和产品特性之间的情感共鸣，满足自身主观美感，获得自身满意和具有独特性的设计作品，同时获得象征自我身份的自豪和骄傲，享受设计过程的快乐体验，又因为设计作品的独一无二与新颖，消费者在参与定制的过程中也体验到了娱乐价值和创新价值。

以"顾客满意"为核心的大规模定制营销策略始终被营销学者当成品牌和企业发展的战略思想。客户期望发生变化，"差不多"的产品不再是客户期望，"个性化定制产品"才是客户最想得到的，尽管价格比流水线产品要高几倍（专门的款式设计、制造和服务导致成本的超出），但因为消费者认为物有所值，愿意溢价购买。在此过程中，企业不再是简单地卖给顾客产品，目标是让客户得到最大程度的满足，让客户满意，进而赢得客户的忠诚。帕梅拉·乌尔里希（Pamela Ulrich）等[1]学者分析认为，消费者在大规模定制的环境中参与设计、生产等与设计师的协作过程有助于提升客户的满意度。但是，阿里巴巴集团首席战略官曾鸣（2012）[2]表示在互联网之前，诸如大众广告、问卷调查、抽样调查等低效的生产和销售交互手段，都不能让企业真正做到面向顾客的大规模定制。

随着电子商务的发展，一方面是宏观经济环境诸如汇率、原材料、出口下滑的推力。另一方面，消费者到企业（Consumer To Business，C2B）商业模式在消费者驱动下，新的网络消费形式追求的是个性化的体验。服装企业的个性化定制快速发育，并且消费者个性化消费浪潮层出不穷，使柔性化生产变革在服装企业中越来越迫切。可支持服装工业柔性生产的3D数字服装设计、数控裁床、数码印花、CAD制板、智能排板、三维人体测量仪、供应链上下游的智能链接等技术不断成熟并开始加速发展。《2017年政府工作报告》指出：强化创新引领，新动能快速成长，深入推进"互联网+"行动和国家大数据战略。针对服装产业结构，闻力生（2017）[3]认为，

[1] 帕梅拉·乌尔里希，安德森·康奈尔，吴伟芳. 面向大规模定制的消费者协同设计服装［J］. 时尚营销与管理杂志：国际期刊，2003，7（4）.

[2] 曾鸣. 电子商务倒闭生产柔性化［N］. 经济观察报，2012-10-28.

[3] 闻力生. 服装企业智能制造的实践［J］. 纺织高校基础科学学报，2017，31（4）：468-474.

利用网络技术和大数据的结合，可以使服装定制企业更好地适应小批量、多样化、个性化的柔性生产。发展数字经济应以"互联网+"为核心推动经济持续发展。马化腾（2018）[1]则认为数字经济为中国制造转型升级打开了新空间。宏观环境变化，消费需求不断升级，使传统服装定制向数字化、智能化、柔性化定制转型成为必然。贺宪亭（2018）[2]指出，在供给侧改革的背景下，服装企业的定制化已成为业界普遍的共识，通过互联网参与CAD、超级排料、自动裁剪等系统的数字化整合，实现人体数据、样板数据、工艺数据和生产数据的互联互通，进而实现智能化样板设计与柔性化生产和数字化服务，让大规模定制服装成为可能。针对服装业多品种、小批量生产的"单件流"生产方式的现状，许多服装企业对设备升级、流程再造、人员培训等方面进行了一系列改革，让企业家在互联网环境下思考和探索品牌如何进行柔性化生产。柔性化生产的演进，在中国服装企业车间里正发生一场静悄悄的变革。

红领西服、报喜鸟、雅派朗迪、海思堡相继在2013年、2014年、2015年、2016年开始柔性化生产、个性化定制服装。2018年岱银集团投入运行"差异化产品柔性化制造生产线"项目，试图解决消费者需求个性化、产品设计与其他品牌差异化和高效率的生产课题，通过该项目岱银集团生产效率明显提高，交货时间大大缩短。与此同时，随着雷诺十万套高端西装的加速推进，岱银集团在智能化制造的驱动下，其差异化和国际化布局也得到了快速的发展。乔治白上线了微信的衬衫系统，泰鲁子品牌"君奕"主打的是网上的衬衫定制，个性化定制已经成为时尚界的一个热门话题。

与此同时，国家政策的引领在一定程度上也促进了服装柔性化定制的发展。2019年9月，中华人民共和国工业和信息化部出台的《关于促进制造业产品和服务质量提升的实施意见》指出，鼓励企业进行技术革新，实行个性化定制，灵活生产，丰富产品种类，以适应不同的消费需要。11月10日，多部门联合印发了《关于推动先进制造业和现代服务业深度融合发展的实施意见》对"智能工厂""柔性

柔性化定制趋势下定制服装品牌忠诚度驱动因素研究

❶ 马化腾. 数字化将全面提升国人生活品质［J］. 中国企业家，2018（13）：20-21.
❷ 贺宪亭. 数字技术驱动服装产业定制化转型［J］. 纺织高校基础科学学报，2018，31（1）：19-24.

化定制""共享生产"等十大新业态、新模式进行了系统梳理。通过体验互动、在线设计,强化零件标准化、零件精加工、零件模块化管理,以满足客户的个性化需求。

2021年1月,山东尚牛智能制造有限公司执行董事任浩远表示"新零售之后,新制造是关键"。随着制造业对市场的快速响应,特别是以顾客需求为导向的服装定制化供应系统在互联网与大数据的驱动下快速成型,服装品牌柔性化定制成为趋势。社会、行业、消费者等各方面的要求,加快了服装企业的柔性化定制:企业通过数字化、智能化、网络化的加工设备,采取与消费者线上线下体验互动、在线设计等方式,解决量体、设计、制板、生产、物料供应等过程的集中控制与调度问题,以顾客的需要为导向,为顾客提供个性化的定制服务,并通过嫁接资源,重新构建生产关系,使顾客在整个智能制造过程中享受并参与其中,尽可能在增加产品的附加值和服务的同时按需生产。如何在柔性化定制成为趋势的大环境下保持对定制产品质量的追求,如何通过提高品牌创新能力及价值赢得更多消费者的品牌忠诚,使像对待艺术品一样生产每一件定制服装产品的"工匠精神"和批量生产得到完美的融合成为许多企业需要思考的问题。

▋第二节 柔性化定制趋势下定制服装品牌忠诚度的研究现状

一、研究现状

自1965年卡多佐(Cardozo)在市场营销中引入顾客满意理论以来,学术界对顾客满意、感知价值、品牌忠诚等问题进行了深入的探讨。在传统服装消费模式下,关于服装品牌忠诚的研究也很多。国内学者严浩仁、贾生华(2003)[1],陈高貌、刘启

---

❶ 严浩仁,贾生华. 服装广告信息渠道与品牌忠诚的关系 [J]. 经济管理,2003(16):79-84.

丞（2012）❶以及贾宝铭、刘永忠（2013）❷分别从服装广告信息、品牌服装营业推广、产品内外部线索、价格促销的角度对服装品牌忠诚度进行探索和研究。胡彦蓉等（2013）❸从品牌管理的角度对运动装品牌忠诚度做了相关研究，发现消费者的购物体验和满意程度对品牌忠诚度有很大的影响。赵萌在《我国服装品牌忠诚度的实证研究》（2013）中运用模糊综合评判和灰色关联度综合评判的方法，对服装品牌忠诚度进行了分析，并收集多个服装品牌数据检验模型的可靠性。吴见平、曹佳佳在《大众休闲服装品牌忠诚影响因素的实证研究》（2013）中从企业市场营销角度对大众休闲服装品牌忠诚度进行了分析，研究发现服务品质对顾客的忠诚度有很大的影响，而公司的形象与广告策略对顾客的忠诚度有明显的影响。朱江晖、阎玉秀等在《服装品牌形象对品牌忠诚度的影响机制》（2015）中对服装品牌忠诚度的调查发现，品牌形象对品牌忠诚度有直接或间接的影响，而感知价值则是透过消费者满意度的中介效果来间接地影响品牌忠诚度。白玉苓、崔瑜花在《时尚服装品牌网店属性对消费者的影响研究》（2019）中以认知—情感人格系统理论为基础，探究时尚服装品牌网店属性通过消费者满意对消费者忠诚度发挥作用。李炅等在《基于服装品牌形象感知的消费者忠诚度影响因素分析》（2021）中基于服装品牌形象对服装品牌忠诚度进行研究，发现品牌的识别形象、店面服务形象、企业形象和产品形象对消费者的品牌情感、认知、行为和意识忠诚度有不同程度的影响。梁璟轩在《基于C4.5算法的服装品牌顾客忠诚度预测研究》（2021）中基于C4.5算法对服装品牌忠诚度进行预测研究，结果表明，感知产品因素是影响服装品牌门店顾客品牌忠诚度的重要因素。从以上研究可以看出，对于传统服装品牌忠诚度的研究多从市场营销、企业管理及品牌管理的角度进行。

在消费升级的大趋势下，消费者的消费需求也在发生变化，而商品质量和设计内涵取代了价格，成为影响消费者消费行为的重要衡量标准。这种消费需求的变化，使传统的以生产观念、质量观念、营销观念为导向的营销方式，转变成以顾客

柔性化定制趋势下定制服装品牌忠诚度驱动因素研究

❶ 陈高貌，刘启丞. 产品内外部线索对品牌忠诚度的影响——以年轻女性购买内衣为例［J］. 武汉职业技术学院学报，2012，11（1）：16-24.
❷ 贾宝铭，刘永忠. 价格促销对服装品牌忠诚度的影响［J］. 中国市场，2013（13）：11-12.
❸ 胡彦蓉，刘洪久，吴冲. 大学生运动服装品牌忠诚影响因素的灰色关联度分析［J］. 中国管理科学，2013（S1）：31-37.

需要为导向的个性化服装品牌。刘丽娴等在《定制服装的设计模式探讨》（2012）中指出，随着"80后""90后""00后"年轻一代对时尚生活的个性化需求不断增加，定制不再只属于高级定制范畴，慢慢向大众普及。他们认为，要从定制服装的设计定位入手，从定制体验、定制策略、设计模式等方面综合考虑，从而形成一个比较完整的产品设计链条。刘丽娴在《基于动态多维定位的定制服装品牌设计模式》（2014）中构建动态多维（要素分层模块、动态多维定位模块、三维设计模块、营销要素组合模块）的中国定制服装设计模式。李浩、朱伟明在《O2O服装定制品牌顾客感知价值的差异研究》（2015）中以情感、价格、质量和社会价值为基础，对O2O模式和传统模式下的定制服装进行差异研究，结果表明在四个维度里，质量价值是影响感知价值的重中之重。常卓在《中国"轻定制"服装的品牌运行模式与设计模式研究》（2016）中主要探讨了不同的轻定制品牌的运作方式与设计方式。朱伟明、卫杨红《不同情景下服装个性化定制体验价值差异研究》（2018）的研究结果表明，增强顾客满意度和提高品牌市场竞争力的有效手段是在不同的购买和服务情境下提高对服装个性化定制的体验。朱伟明、侯绪花（2020）[1]从三维人体扫描技术、基于人工智能的3D虚拟试穿系统、数字化智能设计定制平台等技术层面对定制服装模式进行研究。再加上当前形势下3D数字化服装设计的快速发展和在企业中的推广运用，品牌设计师和消费者可以协作设计，消费者可以在虚拟环境中看到定制服装着装后的三维立体效果，再加上可能的穿着场景，较真实地体现服装、人、环境能否融为一体的全面效果。品牌方为了快速走上数字化的高速公路，也加快了数字人、数字产品以及数字场景的迭代速度。这对企业的柔性化定制起到了推波助澜的作用，在此背景下研究消费者线上定制服装的品牌忠诚度成为品牌和企业未来发展的关键一步。通过此研究帮助企业更多地了解消费者需求，获得更多的流量，从而增加利润。从上述文献分析来看，学术界对定制服装品牌的研究多集中在设计模式、设计定位、定制技术等方面，并将此作为品牌战略制定的依据，而且看重顾客的用户体验。但忽略了定制服装是一个复杂的过程，在服务对象、生产数量、产品价格、业

---

[1] 朱伟明，侯绪花. 数字经济驱动的服装数字化智能设计定制平台研究——以报喜鸟为例［J］. 浙江理工大学学报（社会科学版），2020，44（1）：88-95.

态模式等一系列环节都有其特殊性，如顾客定制前的需求分析、信息收集、比较分析、决定定制，以及在定制前的咨询，定制中的服务和体验，定制完成后对产品和服务的评价。因此，顾客在定制过程中对产品和服务与预期相比较有没有落差？顾客放弃购买成衣或放弃其他品牌定制而选择该品牌定制，对于定制结束后的满意度和再回购的影响如何？顾客在不同的阶段定制服装的经验与经历，是否会对顾客的满意度、价值、忠诚度有显著的影响，影响的强度是否有所区别？要回答这些问题，必须对定制服装消费者购买前后的消费心理、消费需求、消费行为等进行全面分析。

因此，在柔性化定制的趋势下，全面深入研究定制服装品牌忠诚度对定制服装企业的顾客关系管理乃至企业的可持续发展意义重大。

二、研究目的

第一，通过本研究，揭示定制服装品牌和成衣服装品牌顾客满意的区别，结合定制服装顾客消费流程和消费心理，探究各消费环节（需求分析、比较选择、服装设计、服装制板、服装制作）对感知价值的影响强度，顾客满意度和顾客感知价值在定制服装品牌忠诚度方面的作用。

第二，从消费者的视角探究服装定制品牌的品牌形象、品牌个性、感知质量、体验是否对顾客感知价值、满意度、品牌忠诚度产生影响，影响强度是否有区别及区别之处，以及感知价值、顾客满意和品牌忠诚之间存在的关系及互相影响的方式。

第三，探索定制服装顾客满意、感知价值、品牌忠诚之间是满意价值因果链还是价值满意因果链。

第四，构建定制服装品牌忠诚的评价体系，便于企业快速掌握消费者需求及发展变化，实时调整营销战略，并结合定制模式及定制消费过程，探索定制服装品牌忠诚度的演化路径。

三、研究意义

第一，定制服装品牌忠诚是多种因素互相作用、互相影响的结果。通过分析这些影响因素发现顾客定制不同产品时在不同场景下有不同的消费体验，品牌忠诚度呈现多种形态。根据不同的表达方式，对定制服装品牌忠诚的成因分类别解释与探讨，从而探索不同产品不同情境下品牌忠诚的形成和发展问题。因此，从定制服装的消费流程出发，基于感知价值、顾客满意理论，分析在定制服装前、中、后各个环节中的顾客心理需求，探析各因素对感知价值、顾客满意与品牌忠诚度的影响，不但丰富了感知价值、顾客满意理论、品牌忠诚度理论，而且为国内定制服装品牌的感知价值、顾客满意与品牌忠诚关系提供了理论基础。

第二，提升定制服装品牌创新能力与品牌价值的需要。通过定制消费者的需求与信息反馈，品牌可以适时调整方案，在品牌服装定制的各个环节将定制理念与消费者的生活方式、消费体验融合，针对不同的消费群体进行分析梳理，并制定有针对性的消费群体策略，解决顾客量体、设计、制板、生产、物料供应等问题。品牌通过为客户提供个性化的定制服务，提高企业的产品质量和品牌形象，从而提升企业的品牌价值，促进企业创新能力的增强。

第三，定制服装品牌制定可持续品牌发展战略的需要。消费者参与定制服装设计、制板、制作等过程，与其他成衣服装有所不同，通过分析柔性化定制对服装品牌忠诚度的影响及其形成机理，研究在这种背景下消费者消费行为的基本内涵和保持品牌忠诚的客观规律。这有助于企业经营管理人员在激烈的市场环境下能更好地把握这些规律，并为企业的经营决策提供一定的借鉴。

▌第三节　研究的主要内容

一、研究内容

第一章绪论。首先提出要研究的问题，其次介绍包括研究背景、研究涉及的理论、研究现状与意义、研究方法和创新点等在内的研究内容。

第二章相关研究文献综述。梳理定制服装、品牌、品牌忠诚度、顾客满意度、顾客感知价值相关理论，并对当前主要研究状况和主要模型的文献进行比较研究。

第三章柔性化定制趋势下的定制服装消费流程。从消费者心理学和消费者行为学理解马斯洛需求层次模型和FEA消费者需求模型以理解消费者对定制服装的需求，重点讲解消费者选择定制服装前后的需求分析、信息收集、比较分析、决定购买定制，以及在定制前的多方面咨询、定制中享受的服务和体验、定制完成后对产品和服务的评价。

第四章研究设计。识别柔性化定制趋势下定制服装品牌忠诚的影响因素及基本驱动模型构建，建立研究假设并构建品牌形象、品牌个性、感知体验、感知质量、顾客满意、感知价值、品牌忠诚关系模型，根据模型设计问卷及测量后进行预调研，检验模型的有效性。

第五章数据统计与分析。通过前几章理论基础和模型量表的建立，对柔性化定制趋势下定制服装品牌忠诚的驱动模型进行实证研究。对收集的资料进行信效度分析、因子分析、相关分析及中介作用检验等以检验驱动模型。

第六章结论。通过分析实验数据和理论得出研究结论，指出存在的问题，并据此提出今后的研究方向。

二、研究视角

现有关于定制服装品牌忠诚的研究文献多从企业市场营销或者管理学的角度研究问题，鲜有学者从消费者视角来进行研究。定制服装以消费者生理条件为基本依据，以顾客的内在需要为动力，建立起一套由产品质量、价格、销售渠道、过程服务和售后组成的品牌经营和管理系统。由于消费者和企业在某种意义上共同拥有品牌，因此在管理学、市场营销学领域的倾向性非常明显。本研究将从消费者与企业互动的角度，分析消费者在定制前（分析自身需求，收集并分析信息）、定制中（与设计师共同设计、制板、监督生产）、定制后（销售服务）等过程中形成的组合关系，对定制服装品牌忠诚度进行研究。在消费者定制服装品牌消费过程中提取影响品牌忠诚度的评价要素，通过权重分析确定影响定制服装品牌忠诚度的关键要素并进行实证分析。

三、研究思路与逻辑框架

本研究为实证研究。本研究的对象为消费者对定制服装品牌的忠诚度。对研究对象分析所需要的数据采用问卷调查的形式向参与线上服装定制的个人消费者进行收集。

第一，文献分析法。梳理与本研究相关的文献与资料，了解定制服装品牌忠诚度、感知价值、顾客满意度的研究历史与现状，为本研究提供强有力的理论支撑。

第二，问卷的小规模访谈。在总结前人研究成果的基础上，与行业内专家和参与线上服装定制的消费者进行沟通，了解他们对定制服装顾客感知价值、顾客满意与品牌忠诚的想法，这对问项的确立及有歧义问项的删除起了很大的作用。

第三，在文献研究的基础上，依据定制服装消费者的访谈记录构建模型假设，为了验证模型，制定研究问卷的初始量表。通过整理国内外学者研究文献和相关量表找到该研究的切入点，在此基础上结合已有的研究结果进行本研究的变量假设和问卷问项设计。接着为了验证模型的有效性进行预调研。

第四，正式调研问卷分析。通过问卷星平台向参与品牌服装定制的顾客发放360份问卷，共收回324份调查问卷，其中5份为无效调查，319份为有效调查问卷，有效回收率为88.61%。

第五，实证分析。本研究运用SPSS 23.0和Amos分析软件对问卷调查的资料进行了信度、效度、因子分析、相关分析和中介效应测试，以验证并修正模型的假设。

第六，总结与讨论。根据数据分析结果和理论分析得出结论，并根据研究过程指出不足。

本研究采用理论与实证相结合的方法，以及文献梳理与问卷调研的方法，构建柔性化定制趋势下服装品牌忠诚度的基本驱动模型。根据以上研究思路，本研究的逻辑框架如图1-1所示。

研究框架	研究内容	研究方法

背景分析 → 柔性化定制趋势下定制服装品牌忠诚度的研究现状 →
- 明确研究要解决的问题
- 研究的背景介绍、研究的现状和意义、研究的内容
- 研究的创新点

← 文献分析 比较研究

内容模块构建 → 柔性化定制趋势下定制服装品牌忠诚度研究的相关文献阐述 →
- 品牌、定制服装、品牌忠诚度的相关概念梳理
- 品牌忠诚度、顾客满意、感知价值的相关理论
- 各理论的研究现状和主要研究模型的梳理

← 理论分析 逻辑推导 文献研究

定制流程 → 柔性化定制趋势下定制服装消费者的服装定制流程 →
- 马斯洛需求层析模型
- FEA消费者需求层次模型
- 服装定制的五阶段模型
→ 消费者心理、消费者行为 → 确定研究变量

← 讨论法 逻辑推导 案例分析 调查法

机理阐释 → 柔性化定制趋势下定制服装品牌忠诚度评价的模型构建和研究假设 →
形象 个性 质量 体验 感知价值 顾客满意 品牌忠诚
→ 模型构建
→ 量表设计
→ 模型预检验

← 理论分析 逻辑推导 博弈分析

实证检验 → 柔性化定制趋势下定制服装品牌忠诚度模型检验 →
模型 检验
SPSS, Amos结构方程模型
→ 检验各变量与品牌忠诚度的影响

← 定量分析法 模型分析法 系统研究法

策略建议 → 结论及建议 →
- 研究结论及对企业和品牌提出建议
- 研究的理论意义和实践意义
- 研究的局限性与未来的发展方向

← 逻辑分析 专家意见 总结归纳

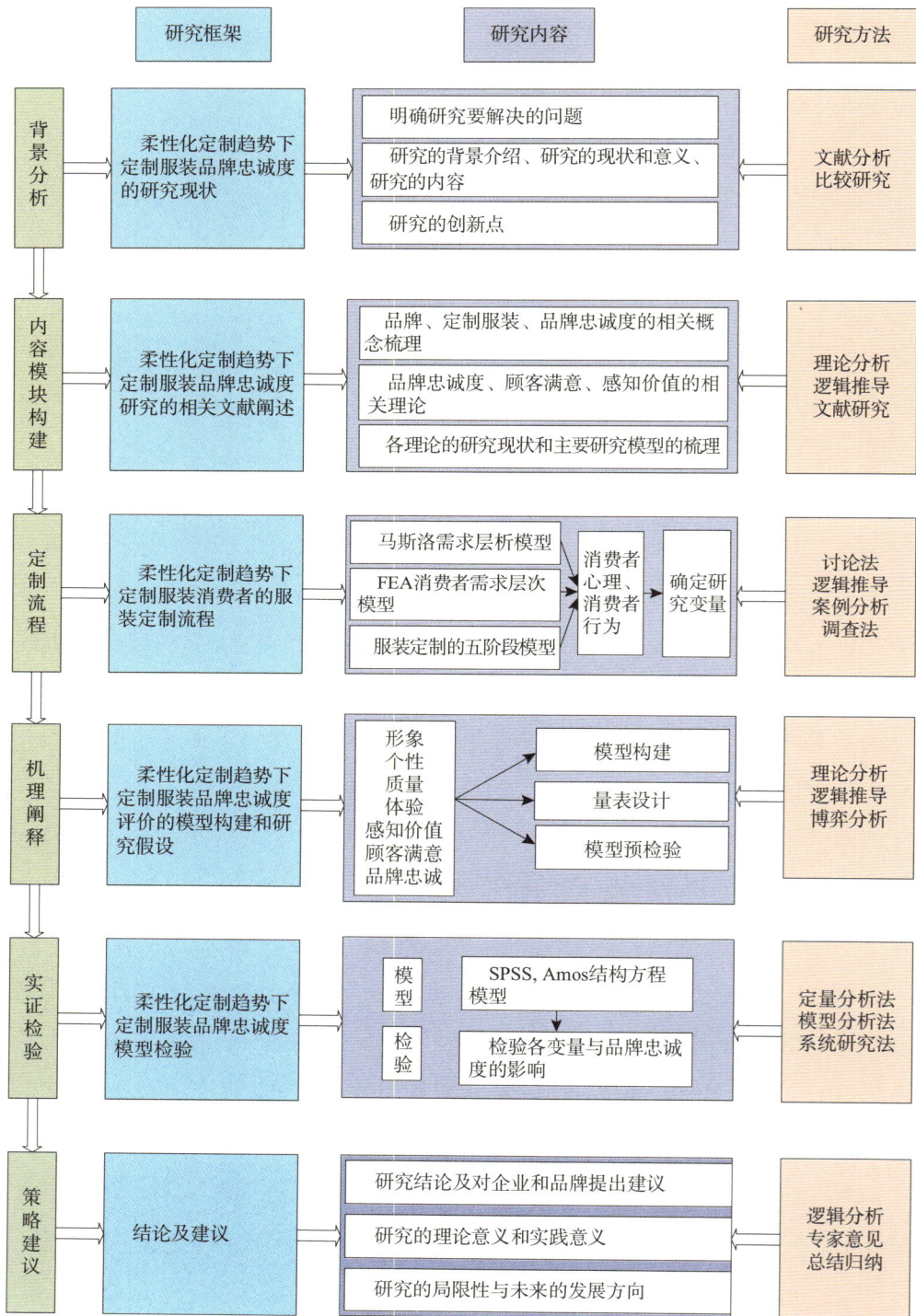

图 1-1　研究的逻辑框架

▋第四节　研究方法与创新点

一、研究方法

　　根据本研究的选题、研究内容、研究对象，在研究过程中主要采用如下研究方法。

　　第一，文献研究法。根据研究主题与研究目的阅读文献，全面分析定制服装顾客满意度、顾客感知价值对品牌忠诚度的影响的研究现状、研究历史，以形成对于研究对象的初步印象，并且对研究对象进行各行业间的比较，方便了解研究对象的全部信息。

　　第二，问卷调查法，辅以访谈、文献分析等方法，并通过概念分析、测量模型、发放问卷等方式获取具体的相关数据。

　　第三，定性分析（理论分析）和定量分析（数据分析）相结合。对所获取的访谈材料、文献材料、问卷材料进行思考，通过采取"质"的定性分析、归纳推理、分析和综合、抽象化和归纳化的方式，由此及彼、由表及里，透过现象看本质，揭示隐藏在定制服装品牌忠诚度内的规律，对柔性化定制趋势下服装品牌忠诚度有一个全面的认识与把握。通过定量分析检验驱动模型，通过数据分析加深对定制服装品牌忠诚度的认识，这样才能更好地揭示规律、抓住本质、理顺关系、预测事物未来的发展趋势。

　　第四，实证研究法。在现有文献理论和实践需要的基础上提出设计，利用SPSS 23.0及Amos 24.0软件，对收集的数据分别进行了信度、效度、相关分析、因子分析及结构方程模型的假定检验等，解释各自变量与因变量的关系。

二、研究创新点

本研究在先前学者的研究基础上，针对定制服装品牌领域的品牌忠诚度可能做出以下细小的创新。

第一，探讨了柔性化定制趋势下基于顾客感知价值和顾客满意度的定制服装品牌忠诚度的影响因素，并进一步分析了影响顾客满意度和感知价值的因素，在分类研究的基础上，从理性和感性相结合的角度解释了柔性化定制趋势下定制服装的品牌忠诚度的影响因素。

第二，本研究从线上定制服装的特点出发，结合消费者心理学、营销学、设计学、管理学等多学科，以及消费者购买定制服装的心理历程，构建了定制服装品牌忠诚度模型，从而清晰地展现各环节对品牌忠诚度的影响。

第三，本研究把定制服装的品牌形象、品牌个性、感知体验和感知质量四个因素分别作为顾客满意度和顾客感知价值的影响因素，并分别探讨了顾客满意度和感知价值作为四个驱动变量的中介变量对品牌忠诚的影响。

第四，立足于当前消费升级的市场环境和定制服装消费者的特性，对本研究提出的定制服装品牌忠诚的相关理论进行了实证研究，研究结论为"如何提升定制服装消费者顾客感知价值、顾客满意度和品牌忠诚度"这一重要的营销实践命题提供有力支撑。

▌第五节　定制服装的行业背景

近年来，定制策略引起了制造企业的关注，更是吸引了服装企业的广泛关注。作为一个拥有14亿人口的大国，服装的消费和生产也同样拥有强大的潜力。

从2020年到2025年，服装定制市场预计将增长11.3亿美元（Technavio报告，2021），到2030年，完全可定制的服装将占市场份额的30%（Biondi等，2020）。中国是服装定制发展较快的国家之一。2021年，在国内外市场需求复苏向好的基础上，服装行业发展得到不断改善。据资料显示，在2021年，全国有12653家（年销售收入在2000万元及更多）服装公司，共完成14823.36亿元的营业收入，较2020年同期增长了6.51%。企业盈利为767.83亿元，较去年同期增长了14.41%，增幅超过了35.7个百分点。根据中研普华研究院发布的《2020—2025年中国服装定制市场现状分析及发展前景预测报告》数据显示，2016年底中国的服装定制行业规模达到1022亿元，同比增幅18.01%，到2020年该市场规模达到2000亿元。根据市场调研显示，到2022年，中国服装定制的市场规模达到2600亿元（图1-2）。由此看出随着消费者的消费体验升级，他们越来越注重服装的个性化。关注点由原来的实用价值向审美价值、产品品质、参与产品设计与具备独特个性要求转变，"定制"成为引领时尚消费的新的经济增长点。

图1-2 定制服装市场分析与预测

来源：中研普华

截至本书截稿，在百度指数中输入"定制服装"查看消费者的需求属性与人群画像，从图1-3中我们可以看出，近些年来定制服装的主力军年龄分布在20～49岁。通过对人群聚类分析，20～29岁的消费者全网分布占比为26.76%，但是参与定制服装的占23.91%，TGI指数为88.36；30～39岁的消费者全网分布占比为35.15%，但是参与定制服装的占42.03%，TGI指数为118.24；40～49岁的消费者全网分布占比为

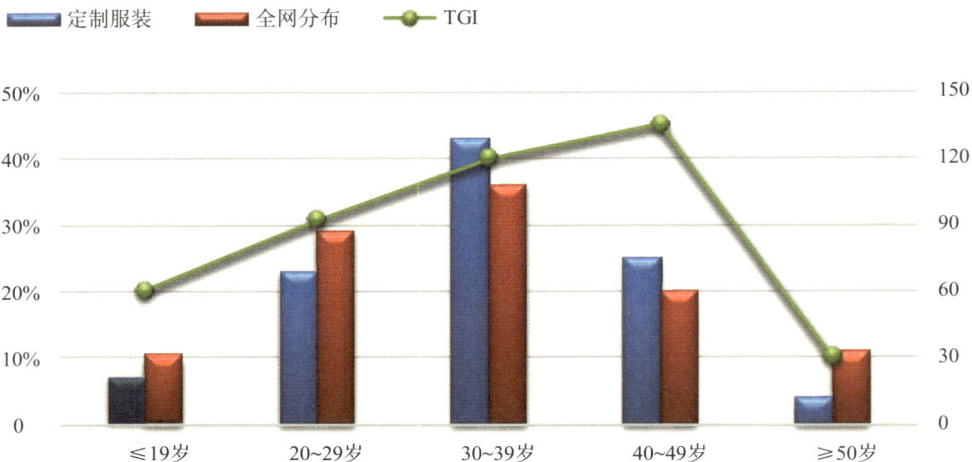

图1-3 定制服装市场需求人群属性——年龄分布

19.01%，参与定制的达到25.26%，TGI指数为131.95。TGI指数超过100且越高表明消费者对此有更高的倾向度，低于100表明倾向度较低，等于100则处于平均水平。从目标群体指数（Target Group Index，TGI）可以看出，40~49岁消费者更加喜欢定制服装，该年龄段消费者收入稳定、性格成熟，除了追求个性，面料质地、工艺质量也是其追求的目标。由图1-4可以看出，在性别上，女性全网分布占比为49.13%，但参与定制服装的有41.43%，TGI指数为84.32。男性全网分布占比为50.87%，但参与定制服装的有58.57%，TGI指数为115.15。从TGI指数我们可以看出男性比女性更

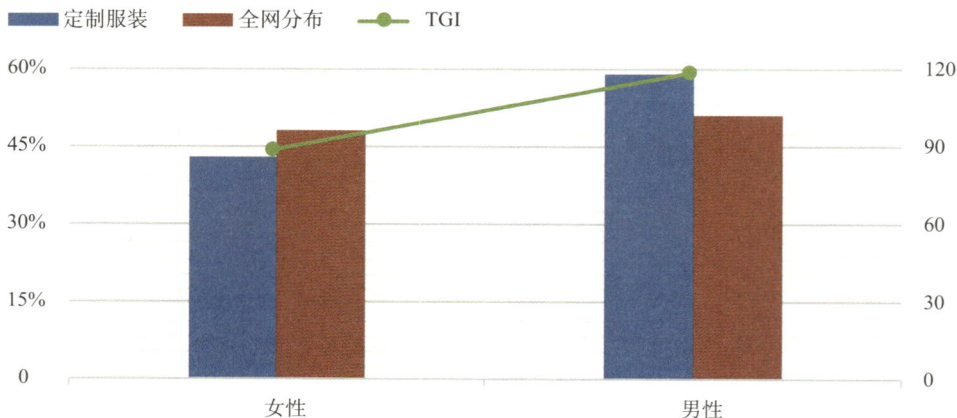

图1-4 定制服装市场需求人群属性——性别分布

柔性化定制趋势下定制服装品牌忠诚度驱动因素研究

加偏向定制服装，相对于大众服装而言的"她经济"，在定制服装市场中，服装品牌可以适当地对男性消费者的需求予以关注。

随着服装定制的发展空间扩大，越来越多的服装品牌和公司开始细分市场，针对不同的消费群体进行个性化定制。随着不断的企业并购、与资本频繁的互动，一些优秀的设计师联合一些有定制业务的品牌或企业，开始对定制成衣市场进行分析与研究，尤其是对目前市场和顾客需求的变动趋势进行了深入的探讨，通过对目标消费群体需求的深度挖掘制定差异化的市场战略，以期提前占领市场，取得先发优势。本研究将采用规范的实证研究方法，对服装行业定制服装领域的消费者进行调查，以探讨柔性化定制趋势下服装品牌忠诚度的影响因素及发展规律。

本章通过对定制服装、品牌、品牌忠诚、顾客满意、感知价值及柔性化定制等方面的相关文献进行阅读和梳理，回顾和述评与本研究相关的前期研究成果，找出不足与疏忽之处。总结进行定制服装品牌忠诚度研究的主要线索，明确了本研究的研究重点和需要解决的问题。本章的研究内容为后续理论研究和实证研究提供理论依据和方法指导。

第二章　相关研究文献综述

▍第一节　定制服装的相关研究文献

一、定制服装的历史与发展

定制服装最早出现在封建社会的宫廷中，东西方文化在这一方面有异曲同工之妙，这反映了定制化服装是时代发展的必然产物。它的产生和发展变迁与社会政治、经济、环境的变化和人类生活方式的改变、消费观念的转变及价值观的提升等因素有着千丝万缕的联系。衣、食、住、行作为人类生活中不可缺少的部分，服装排在了首位。我国自古就很重视作为人类走向文明进步标志的"服装"，西周时朝廷就设置了掌管皇室宫廷服饰的"司服"，并建立了一整套"贵贱不同、衣服有别"的冠服制度（董占勋，李亚男，2015）❶，规定在不同场合，王室公卿应穿着不同款式、颜色以及绣有不同图案的衣裳以彰显自己的身份地位。众所周知，以历史题材为主线的电视剧，后宫佳丽、王公贵族的服装皆不相同，不同等级的嫔妃、官员服装的形制虽然相同，但是在细节、颜色、图案上有所不同，这些都属于定制，最典型的当数古代的龙凤朝服。由于封建社会等级制度森严、皇权至上，"定制服装"并未在民间普及开来。

"红帮裁缝"的出现是中国近现代定制服装开始的标志（刘丽娴，2013）❷。红帮裁缝是相对于在民间制作长袍、马褂等中国传统服装的宁波本帮裁缝而言的，19世纪中叶，随着国门被迫打开，开铺通商，西风东渐，宁波本帮的裁缝们纷纷前往日

——

❶ 董占勋，李亚男. 服饰高级定制的情感化设计新模式［J］. 纺织学报，2015，36（12）：152-157.

❷ 刘丽娴. 基于动态多维定位的定制服装品牌设计模式研究［D］. 上海：东华大学，2013.

本寻求发展，转而从事一种全新的服装行业，后在日本横滨建立多家商铺，至1896年在上海建立第一家洋服店"和昌号"。大概在20世纪20年代初具规模，30年代是红帮裁缝品牌初始阶段，40年代才流行开来（刘云华，缪良云，2008）❶。红帮裁缝将中西方工艺技术、审美趣味相结合，在历史的长河中不断演变和创新手工缝制技术，参照日本学生的校服和军队的士官服，融入中华服饰文化的传统美学元素，从国人的气质、身形和生活习惯出发创制出的中山装风行全国。

随着经济不断发展，西方服饰文化不断涌入，大众审美不再满足于当下，而是追求更高层次的服饰美学。但是，到了20世纪末，成衣业发展迅速，与"速食"并称的"快时尚"以其低廉的价格和较高的品质，使国内服装定制行业遭遇了强劲的对手，使我国制衣业陷入了萧条乃至边缘状态。进入21世纪后，随着消费理念的成熟和经济实力的增长，越来越多的消费者对频繁出新的快时尚服装产生审美疲劳，转而追求自我个性和气质表达的服装，这为以持久和独特为特征的定制服装的回归带来了新契机。红都、永正、罗马世家、隆庆祥作为传统红帮裁缝定制品牌，将制衣工艺与手工艺术完美结合，也顺应时代发展，逐渐从"堂前燕"开始"飞入寻常百姓家"。

当定制化趋势成为消费者生活的一部分，高级定制离开聚光灯走上街头时，定制服装也从小众走向大众，众多时尚设计师相继与大众品牌联手，借助于社交媒体的快速传播在市场中流行，然后以消费者的个性以及差异化需求为导向设计服装。同时，随着大规模定制、柔性生产、智能制造、"互联网+"和数字经济的不断发展，出现了以红领、雅戈尔、报喜鸟、海斯堡、雷诺为代表的定制品牌。消费者借助多种数字技术手段，通过各种服装定制在线平台（云衣定制、衣邦人、南瓜定制、红领在线定制、埃沃等）或者线下门店参与服装设计制作过程，实现柔性化、数字化、智能化的服装定制模式，然后设计师根据顾客需求、气质、喜好、体型等个性化特征为消费者提供服装定制。同时服装品牌商根据目标消费群体的需要对市场进行再细分，通过大数据描绘出消费者画像，根据不同消费者的风格和气质进行服装定制。

❶ 刘云华，缪良云. 红帮裁缝源流小考［J］. 纺织学报，2008（4）：104-107.

二、定制服装概念的界定

在理解定制服装的概念前，首先明确定制的概念。在百度百科中，"定制"一词起源于萨维尔街，指的是专门为个别顾客设计并量身定做的服装。随着时间的推移，"定制"一词的意义越来越丰富，为突出产品质量和个性化的消费，出现了包括定制服装在内的各种自己动手制作（DIY）的产品。这些产品提供者以消费者为中心，为其提供服务并让消费者成为委托代理，甚至参与生产过程，林雅英（임아영，2015）[1]将这种以消费者为中心的设计服务也称为"定制服务"。消费者对定制服务充满了热情与期待，可以定制蛋糕、有意义的婚戒、亲子套装和各种文创产品。对于服装，消费者的需求属性种类繁多，有职业装、工装、校服、扮演游戏（Cosplay）服装等。学者们根据消费者需求、产品开发标准以及给予客户自由度等特点对定制进行了分类。

亨利·凯瑟（Kaiser，1974）[2]根据消费者对功能、美学或自我表达的不同，将定制划分为享乐、功利和非工具性、工具性两个维度。享乐主义产品的消费是为了快乐、兴趣或满足，而功能性或实用性是功利主义产品追求的目标，是消费者满足需求和追求被尊重或以追求某种社会属性为目的的。

根据产品开发过程中设计自由度的不同，兰佩尔（Lampel）和明茨博格（Mintaberg）在《专业化定制》（1996）中将产品定制分为纯标准化、细分标准化、定制标准化、定制化定制和纯定制五种不同的个性化策略。纯标准化的产品尽可能满足广泛的消费群体，具有普遍性。细分标准化允许消费者定制产品的分销和包装，也可以定制时间和地点，但产品还是标准化的。以上两种定制可以先生产后下单。定制标准化的产品以模块化组件生产为主，公司向消费者提供现有设计并根据每个部件不同模块的设计，基于自己的需求组装独特的定制化产品。定制化定制的产品给消费者更多的设计自由，为消费者提供标准产品设计的

柔性化定制趋势下定制服装品牌忠诚度驱动因素研究

❶ 林雅英. 定制化服务提升品牌形象的计划——专注于国内外案例研究［J］. 传播设计研究，2015，50：170-180.

❷ 亨利·凯瑟. 阶乘简单性的指数［J］. 心理计量学，1974，39（1）：31-36.

同时，可以根据自己的需求来调整材料和部分细节设计，这些产品是先下单后生产。纯定制是允许消费者参与设计过程，按照消费者需求来制作，在保证批量生产效率的前提下，满足个性化要求，每一种产品都是独一无二的，最大限度地让顾客满意。

根据设计过程中给予客户的自由度，雷蒙多和法拉斯（Raimondo & Farace）在《客户对定制产品的态度和倾向：定制模式与品牌的互动》（2013）中确定了两种主要的产品定制原型：组合定制（Combination-based Customization，CbC）是对公司提供的产品模块进行选择；集成定制（Integration-based Customization，IbC）是利用客户提供的符号进行产品定制。在此基础上，李维斯（Levi's）允许顾客在多种颜色和牛仔裤衣片、口袋、腰头、前襟等各部件模块中自由选择搭配，顾客还可以为自己定制的裤子命名且价格不上涨。"You-Tailor"品牌（意为"为您量身定制"）让客户将衬衫的不同面料、袖口、纽扣和衣领组合在一起，红领（Red Collar）也让顾客将西服的面料、款式、装饰等任意搭配选择。

国内学者刘丽娴（2011，2013）、李浩（2015）、王麻尹（2016）❶、朱伟明等（2018）分别认为，为消费者提供专属服务且顾客独享的服装、不同场景下企业为消费者提供的差异化的消费体验的服装以及为满足消费者需求而专门设计的服装为定制服装。

综上所述，根据学者们给出的定制服装的定义，概括出以下几个特点：第一，定制服装首先是一种商品，是品牌向消费者提供定制服装的服务和产品。第二，定制服装最少要基本满足消费者体型、气质、审美和尺寸等基本需求。第三，定制服装允许消费者参与设计、制作过程，便于实现消费者自我价值与产品价值的递增，属于高情感卷入产品。第四，在定制服装的营销过程中，消费者变被动为主动，品牌商改变过去以生产为导向的观念，转向以消费者需求为中心，在不同情境下为消费者提供定制服装的个性化服务和创新体验。

因此，结合定制服装的历史与发展进程以及定制服装的特点，本研究将定制服

---

❶ 王麻尹. 快时尚品牌O2O模式的顾客消费体验研究［D］. 上海：东华大学，2016.

装的定义概括为在标准化服装产品的基础上，消费者通过互联网数字化平台采用线上定制或线上定制、线下体验等方式，根据顾客自身需求，向顾客提供服装各部位的产品模块进行选择、组合搭配，或者根据顾客提供的款式、色彩和图案等信息进行定制的服装。

三、定制服装的分类

通过对文献梳理，学者们从定制服装的程度和深度、定制规模、生产方式、服装供应链的生产环节、艺术形式、业务类型、产品价值、品牌模式、顾客参与自由度等角度都有过相关研究。

罗斯·弗朗西斯（Ross，2007）❶根据定制程度和深度的区别，将定制服装分为"定制"（Bespoke）、"成衣定制"（Ready-made）和新概念"半定制"（Demi-bespoke）。完全定制的面料是指定的，从为特定客户量身定做的模式裁剪出来。成衣定制主要指定制西服，是从标准模式中裁剪出来，并根据个人的轮廓进行修改。新概念"半定制"的新定义可以看作80%的手工制作。在贾斯珀·利特曼（Jasper Littman，2021）的裁缝网站中提到定制是个性的终极表达，定制服装会有专门的裁缝负责测量、制板、做样衣、试衣并修改，最后缝制成衣的过程。在半成型过程中，顾客可以根据自己的喜好决定缩小或扩大翻领或肩膀、提升或降低纽扣位置，甚至在面料缝合之前可以彻底修改服装款式风格，在服装制作完成后，如果需要进一步调整，西装将退还给裁缝，直到它完美无缺，过程总共涉及熟练工匠80～100小时的手工制作。半定制是完全定制的对应，没有了中间的半成型试衣，而是从第一次预约见面时选择织物（面料和衬里的颜色、编织和风格）和测量依赖新技术与新工艺直接完成创建的服装。首次预约后6～7周准备好首次试穿，并在首次试穿10～14天，裁缝将与顾客联系进行最后的试穿调整。半定制服装会简化安装过程和减少手工制作时间的比例，创建一个较短的时间尺度和更适度的预算，产品质量不亚于完

❶ 罗斯·弗朗西斯. 重塑伦敦的定制和半定制裁缝：当代男装中的新纺织品、技术和设计［J］. 纺织学院学报，2007，98（3）：281-288.

全定制的服装。

塞纳纳亚克等（Senanayake et al，2010）在《大规模定制：服装定制的要点和范围》中基于设计、合体、功能、制作到后期制作的连续体定制策略，提出一个专门为服装定制开发的框架。根据消费者参与过程的定制点，将定制服装分为生产后定制、制作定制、合体定制、功能定制、设计定制。生产后定制允许消费者对标准化的服装生产完成后再对标签、包装和盒子进行定制。制作定制是指消费者可以通过企业提供的面料、款式、色彩和装饰等，根据自己的喜好进行设计的过程。合体定制允许消费者根据自身体型和服装尺寸选择与轮廓相关的或合体或宽松的可定制的适合程度。功能定制允许消费者对服装选择特殊缝合、整理以及特殊调整等，如松紧带、抽绳、腰带或尼龙搭扣调整，以适合不同的体型。设计定制允许消费者与设计师合作参与设计作品，与设计师协同设计以实现合理制作的目的。

王倩在《大规模定制的服装设计过程》（2011）❶中指出从面料的质地、色彩、图案、款式、尺寸、装饰性等方面，根据服装供应链中的各个工序对消费者进行个性化服装定制。

刘丽娴等在《定制服装的设计模式探讨》（2012）中提出从艺术形式看，定制服装分为以英国男装定制为主的，专注于款式设计、尺码、板型和工艺的套装定制和有着严格运作标准的，以高级女装定制为代表的礼服定制。朱伟明和彭卉在《中国定制服装品牌格局与运营模式研究》（2016）❷中基于品牌模式的标准将定制服装分为以诗阁、华人礼服、恒龙、红都等为代表的传统高级定制品牌，以杉杉、报喜鸟、希努尔、朗姿、白领、例外为代表的成衣品牌业务延伸定制，以红领、雅派朗迪、雷诺、大杨创世为代表的代加工企业转型定制品牌，以衣邦人、埃沃、尚品、雅库为代表的新兴网络定制品牌，以Ricky Chen、Eric D Chow、社稷、吉芬为代表的设计师主导的高级定制品牌，以乔治白、罗蒙、雅戈尔、南山、宝鸟为代表的大规模

---

❶ 王倩. 大规模定制的服装设计过程［J］. 纺织导报，2011（7）：99–100.
❷ 朱伟明，彭卉. 中国定制服装品牌格局与运营模式研究［J］. 丝绸，2016，53（12）：36–42.

定制品牌，还有以南山集成式7D定制、恒龙云高级定制、尚品定制为代表的集成式定制平台。

根据产品价值的不同，定制服装包括一般消费者都可以消费，并能满足个人需求的具有大众属性的一般定制服装，如大众消费的成衣定制、特体服装定制、天猫平台的在线预售定制和为了参加各种特殊场合进行的婚礼服定制、演出服定制等。此外，还包括具备奢侈品属性的礼服和成衣高级服装定制，以手工制作为主，通常由一个团队完成，其生产和加工皆超出一般标准，价格高昂，在某种意义上它不仅是定制服装的最高形式，也是一件艺术品。

根据定制过程中设计师给予顾客的自由度，即顾客参与程度的高低，将定制服装分为组合定制服装（将服装各部位分成产品模块，顾客根据自己的偏好进行组合搭配定制）和集成定制服装（根据顾客提供的服装图片或关于面料、款式、色彩、图案等信息，按照顾客要求而专门设计制作的个性化服装）。在这种情况下，顾客满意度和感知价值与客户的直接参与度呈正相关，参与程度越高，满意度和感知价值越高；反之越低。根据服装定制的实现方式，分为传统定制与柔性化定制（即数字化智能定制）。随着互联网和智能制造的不断发展与进步，以及消费者消费理念的转变及价值观的提升，原来以手工制作为主的传统服装定制开始对消费者进行个性化定制、柔性化生产。整个流程依靠3D量体和互联网数字平台定制，通过智能仓库对面料、辅料及饰品进行选择，后台对消费者订单快速反应，进行款式设计、制板、排料、裁剪等直接连接生产线，最后通过智能物流系统送至顾客手中。两种定制服装方式各有利弊（表2-1），彼此共存。由于消费者消费理念的改变和消费个性化要求的增加，互联网定制品牌需要不断进行产品创新以满足消费者多元化的需求。也有消费者愿意为手工制作的情怀付出高昂的费用，如高级定制中的纯手工制作在某种意义上也属于传统定制，但由于包含了刺绣、钉珠、羽毛、手工布花等重手工工艺，再加上精致的面料和精细的工艺造就了一件件酷似艺术品的服装，所以价格昂贵。无论哪种定制方式，品牌都要扬长避短，向顾客提供卓越的产品和服务，使顾客愿意复购并推荐他人进行品牌消费。

表2-1 传统定制和数字化智能定制的区别

对应类型	传统定制	数字化智能定制
制作方式	手工量身定制	智能量体，智能生产线规模化定制
定制周期	制作周期长	制作周期短
成本	价格高	价格低
选择空间	较小	较大，可自由组合
定制模式	传统定制依托于门店，更加讲究口碑效应	采用线上、线下相结合的模式运营
缺点	获客难、款式少、不能满足消费者个性化要求	所选面料、辅料均不能完全接触

综上所述，每种类型的定制归根结底都离不开功能、审美和自我表达定制，这三个维度各自引发独特的结果：定制服装的性能受功能定制的影响，情感反应由审美定制引发，而自我表达定制则将自己的身份传达至产品中。从这些细分的类别中可以总结出，定制服装给顾客提供了积极参与服装设计生产过程和表现自我的机会，也要求品牌和企业以接近大规模生产的效率向顾客按时交付定制服装。

▌第二节 品牌的相关研究文献

一、品牌的历史形式

品牌一词来自古挪威语"Brandr"，意思是"打上烙印"，是当时牲畜的主人为了使自家牲畜与其他家区别开而使用的特殊符号。品牌在我们的生活中无处不在，虽然在市场营销学中，品牌作为一个重要主题被研究，但品牌发展的历史就如同我们的文明一样悠久。卡尔·摩尔和苏珊·里德（2008）❶在《品牌的诞生：品牌4000年》中阐述，品牌的产生历史包括从公元前2250年印度河流域出现的包含质量和产地信息的早期青铜印章，到公元前2000年至公元前1500年中国商朝出现的不仅可以传达原产地和质量信息，而且涉及产品使用信息的安阳"祖徽"图像，再到公元前1500年至公元前1000年塞浦路斯的腓尼基人用代表品牌固有特征的"铜"来提高商品价值，还有公元前1000年至公元前500年出现的把品牌核心价值和形象相结合的提里亚人的紫色服装和红泥陶瓷，最后到公元前336年的希腊通过在陶器上使用个性化装饰来区分企业家和产地信息，品牌中形象的使用日渐增多。随着历史的不断发展，品牌从早期的提供关于原产地和质量的功利主义信息到复杂的建立品牌形象特征逐渐演变，包括地位、权力、附加值、个性等信息，表明品牌是一个复杂的多维结构。这些品牌特征从古至今，都发挥了它承载和传播文化的作用。

二、品牌的概念及特征

品牌是企业的标志、精神的象征，也是企业名称、产品的标志，使其有别于竞争对手的标识。学者们从不同的角度对品牌各种复杂的现象进行研究和讨论，其认识各不相同，定义也五花八门。而且绝大部分关于品牌评论的文章都是在20世纪八九十年代发表的，反映当时人们对品牌作为重要资产的关注度有所提高。本研究将结合德·切尔纳托尼和莱利（De Chernatony，Riley，1998）、乌彭德拉·库马尔·莫里亚（Upendra Kumar Maurya，2012）的研究从以下几个方面对品牌进行概括。

美国市场营销协会（American Marketing Association，AMA）从视觉营销的角度提出品牌是一个产品名称、术语、标志、符号或者设计，或它们的组合，其目的是快速辨认某供应商的产品和服务，并使其同竞争对手区别开来。也就是说，品牌是

---

❶ 卡尔·摩尔，苏珊·里德. 品牌的诞生：品牌4000年［J］. 业务历史，2008，50（4）：419-432.

各商家之间产品和服务差异化的手段。克雷纳（Crainer，1995）❶指出该定义过于看重产品，阿诺德（Arnold，1992）❷认为该定义过于机械。AMA在2007年对品牌的定义是在之前定义的基础上指出品牌的法律术语是商标。品牌可以识别一个项目、一系列项目，或该卖家的所有项目。如果用于整个公司，首选术语是商标。

品牌被克雷纳（Crainer，1995）、布罗德本特和彼得·库珀（Broadbent，Cooper，1987）❸作为一种法律工具。前者认为品牌是所有权的法律声明，后者将其看作所有权的标志，与AMA于2007年给品牌所下的定义有重叠之处。

加德纳和利维（Gardner，Levy，1955）❹指出品牌是情感和功能效用价值的综合体现。对于顾客来讲，超市货架上的产品琳琅满目，品牌作为表达功能和情感特征的速记装置，能够帮助其快速记忆并回忆品牌信息以快速准确地做出购买决定，尤其是对于时间紧迫的消费者作用更加显著。布朗·戈登（Brown Gordon，1992）❺把人们在品牌周围所有心理联系的总和当作品牌的定义。因此，对企业而言，品牌发展策略的制定与向消费者提供的功能价值有关，但心理情感价值更为关键。

卡普弗勒（Kapferer，1994）❻把品牌看作企业和消费者之间的一种契约。这种契约会让消费者感觉到安全、消除困惑并降低风险，可帮助消费者在杂乱无章和繁多的产品及服务中做出选择。当你选择ONLY等品牌时，时尚、流行、创意、个性就会在你的脑海中浮现。当你选择秀禾服作为结婚礼服时，代表你从思想上非常看重我国传统文化。根据德·切尔纳托尼（De Chernatony，1998）的研究，在消费者和品牌之间的关系中，对消费者关系的影响80%都是无形成分引起的，只有20%的成本因素。基于此，王永龙（2003）❼、王新新（2000）❽指出品牌是一种

❶ 克雷纳·斯图尔特. 品牌的真正力量：让品牌为竞争优势服务［M］. 伦敦：皮特曼出版社，1995.
❷ 阿诺德·戴维. 品牌管理手册［M］. 纽约：基础读物出版公司，1992.
❸ 布罗德本特，彼得·库珀. 研究对你有好处［J］. 营销情报与策划，1987，5（1）：3-9.
❹ 魏纳·加德纳，利维. 产品和品牌［J］. 哈佛商业评论，1955，33（2）：33-39.
❺ 布朗·戈登. 人、品牌与广告［M］. 纽约：明略行国际公司，1992.
❻ 卡普弗勒·让诺埃尔. 战略品牌管理：创建和评估品牌资产的新方法［M］. 纽约：西蒙与舒斯特出版公司，1994.
❼ 王永龙. 21世纪品牌运营方略［M］. 北京：人民邮电出版社，2003.
❽ 王新新. 新竞争力：品牌产权及品牌成长方式［M］. 长春：长春出版社，2000.

基于企业和顾客关系的合同。品牌的形成以长期、稳定的产品买卖关系发展为目的，以与客户的长远合作为目标，以品牌的力量将顾客与企业形成一个风险与利益共同体。这样才能为企业赢得更大的市场份额，并获得更多的消费者对其品牌的忠诚度。

谢斯等（Sheth, et al, 1991）把价值体系定义为品牌。他们认为品牌选择决策受到功能价值（品牌之间产品和服务的差异化效用比较）、社会价值（社会接受程度）、情感价值（感觉、审美的视角）、认知价值、条件值（如节日、经济状况）五种消费观的影响。把超越功能价值以外的增加产品和服务的吸引力的部分定义为附加值。德·切尔纳托尼（De Chernatony, 2010）[1]将品牌定义为一种可感知的产品、服务、人或产地，消费者可从中感知接近自身需求的附加值。品牌的这种附加值可以将自己与市场竞争品牌区别开来，并获得该产品在该领域的竞争优势。这种增值服务可以清楚地确定顾客的性格、地位、角色和社会团体的归属感，从而满足顾客的心理价值。以上分析皆从消费者角度定义，并且价值和附加值在特定细分领域可能因人而异，但在定义品牌概念的过程中却成了一个复杂的现象。

此外，加德纳和利维（Gardner, Levy）在《产品和品牌》（1955）中指出品牌不仅是制造商区别于其他企业产品的商标，更是象征着多种观念和特性的复杂标志，在它与竞争品牌产品功能雷同的情况下，它通过它的声音以及字面意思等精准地告诉目标顾客为什么要选择自己，可创造差异化的个性价值。大卫·奥格威（David Ogilvy, 1955）[2]以广告人的视角认为属性、名称、包装、价格、历史、声誉、广告风格、形象等共同组成了品牌错综复杂的象征，同时消费者的使用经历和对品牌形象的认识同样影响品牌。马丁诺·皮埃尔（Martineau Pierre, 1958）[3]把品牌描述为消费者心目中具有功能和心理属性的形象。布莱克斯顿·马克斯（Blacketon Max, 1992）[4]把品牌定义为用户价值超越功能价值的象征性人格，消费者在多个服装品牌间做出选择前，多数会比较品牌个性与消费者自身气质的拟合度。大卫·艾克（David Aaker，2012）❶将品牌个性拟人化，指出企业借助它可以提高消费者对品牌的认识，帮助区分品牌并指导企业沟通和建立品牌资产。企业沟通的结果是品牌个性，消费者感知品牌个性的方式是通过品牌形象。企业如果赋予品牌一定的象征意义，消费者则容易感知产品价值。

综上所述，品牌的定义之间有一定的重叠之处，但主要从有形要素（名称、标志、商标、视觉特征）和无形要素（个性、符号、形象、风格、价值和附加值）两个方面来定义。一方面，从有形要素的角度来看，品牌被定义为一个名称、术语、标志、符号、商标或者设计，或它们的组合，再或者通过带有强烈视觉特征的广告和促销，让消费者清晰地辨认自己的产品与竞争品牌的产品和服务不同，实施差异化市场战略，增加产品特色，吸引更多的消费者。从营销角度来讲，品牌属于消费者，消费者认可即是品牌；反之，则不是。但产品是属于企业的，企业要不断地在产品质量和服务上深耕。当消费者要购买一件特定风格的服装时，无论从质量、工艺、款式风格还是社会属性都与消费者匹配的即为品牌。另一方面，从无形要素的视角来看，品牌被定义为个性、符号、功能要素之外的价值。这里的价值除功能价值和情感价值以外，还包含了消费者追求的性能、个性、风格、形象与自身心理价值的匹配，且当消费者的心理需求越被满足，与品牌产生情感共鸣越多，品牌往往就越成功。品牌与消费者建立"契约关系"，企业通过它来增加产品和服务的价值或附加值，而消费者通过它来认可并接受其价值或附加值。消费者和企业是品牌发展的利益共同体，企业认为企业发展的绩效属性和价值观是品牌的内在结构，消费者把品牌个性和品牌价值的构建看作品牌概念的核心。在品牌与消费者的契约关系中发现品牌价值，从有形要素和无形要素、企业和消费者的角度来定义品牌，作为无形资产的品牌，旨在创造"利益相关者心中的独特形象和关联，从而产生经济效益或价值"，平衡企业发展的价值观和消费者理性需求、情感需求和心理价值需求之间的一致性。

---

❶ 大卫·艾克. 打造强势品牌［M］. 纽约：西蒙与舒斯特出版公司，2012.

第三节　品牌忠诚的相关研究文献

品牌忠诚度是消费者在受到商品、服务质量、价格、形象等因素的影响下，产生情感依赖、选择偏好，或者重复购买某一品牌的商品和服务，并向他人主动推荐该品牌产品，自觉维护和提升品牌形象等具有偏向性的行为反应。通过文献梳理，关于品牌忠诚度的研究可以从1920年开始，至今已有超过90年的历史，但在市场营销领域的研究则是从20世纪50年代开始的。本研究将结合岑吉兹等（Cengiz，2016）对2001—2015年品牌忠诚学术文献的研究及2016年以后相关学者的研究进行分析。

一、品牌忠诚的概念及测量方法

AMA定义品牌忠诚："品牌忠诚是消费者在较长的时间内，对某品牌的高度认知与偏好程度。"换句话说，就是消费者会在很长一段时间内，持续不断地购买同一品牌的产品或服务，而且愿意对该品牌产品或服务支付较高溢价并向他人推荐。很多学者的研究指出企业利润的增加很大程度上依靠忠诚顾客的保持率，每多出5%的忠诚顾客，就会有超过25%的客户平均增值。因此，市场营销从业者和研究人员开始将更多的精力集中于忠诚的顾客，因为他们比非忠诚的顾客更有利可图。

早期学者认为品牌忠诚就是行为忠诚，即如果顾客对服装产品的某一品类（外套、风衣、裙子、运动装、瑜伽服等）的某一品牌的购买率超过了其总购买量的一半以上，通常被认为是典型的忠诚顾客。利浦斯坦（Lipstein，1959）[1]将品牌忠诚

---

❶ 本杰明·利浦斯坦. 品牌忠诚与品牌转换的动态［C］// 广告研究基金会第五届年会论文集. 纽约：广告研究基金会，1959：101-108.

度定义为对同一产品大类某品牌的再购买概率以及在特定品牌的平均保留时间。过去，研究者们主要是通过购买份额、购买次序和购买的可能性来衡量品牌行为的忠诚，目的是评估顾客将来的购物习惯。但是，雅各比和凯纳（Jacoby，Kyner，1973）❶提出用行为来定义和测量品牌忠诚是有缺陷的。布朗（Brown，1952）❷首次提出品牌忠诚度应该从态度和行为两方面来定义和测量，而引入的品牌忠诚度衡量标准是从观察购买序列发展而来的。乔治（George，1976）❸也同意布朗（1952）的观点。很多学者认为应该整合测量品牌忠诚的态度和行为两个方面，指出态度忠诚是一种心理承诺，如购买意向，还有在不考虑实际购买行为下的推荐意向。雅各比和栗子（Jacoby，Chestnut，1978）❹回顾文献并总结发现，提出品牌忠诚度被认为是一种有偏向的（即不随意的）行为反应（即购买），是一个决策群体通过心理的决策评估在同一产品类别的品牌中对一个或多个备选品牌在一段时间内表现出选择的整体性概念，并根据态度和行为两个结构维度建立了偏好行为模型。因此，后来的学者在此基础上从再购买意愿、口碑和推荐意愿来衡量品牌忠诚度的态度忠诚。但在定义和衡量品牌忠诚度的方法上，研究者之间存在着分歧。例如再购买意愿，乔杜里和霍尔布鲁克（Chaudri，Holbrook，2001）❺用其来测量行为忠诚，而克雷斯曼等（Kressman et.al，2006）❻认为是态度忠诚的测量手段。为了纠正这种混淆，本研究采用岑吉兹等（Cengiz，2016）对行为忠诚和态度忠诚的解释，将消费者的真实购买行为定义为行为忠诚；将消费者的重购意愿、向他人推荐及愿意为品牌产品支付较高溢价的承诺定义为态度忠诚。

---

❶ 雅各比，凯纳. 品牌忠诚度——重复购买行为［J］. 营销研究杂志，1973，10（1）：1-9.

❷ 布朗·蒂尔曼. 习惯性的行为和消费者行为的不良反应［J］. 计量经济学，1952：355-371.

❸ 乔治·戴，等. 品牌忠诚度的二维概念［J］. 市场营销中的数学模型摘要集，1976：89-89.

❹ 雅各比·雅各布，罗伯特·栗子. 品牌忠诚度、衡量和管理［M］. 纽约：约翰·威利父子出版公司，1978.

❺ 阿尔琼·乔杜里，莫里斯·霍尔布鲁克. 从品牌信任和品牌影响到品牌绩效的连锁效应：品牌忠诚度的作用［J］. 营销杂志，2001，65（2）：81-93.

❻ 弗兰克·克雷斯曼. 自我形象一致性对品牌忠诚度的直接和间接影响［J］. 商业研究杂志，2006，59（9）：955-964.

二、品牌忠诚度的驱动因素

一般来说，主要从行为的、态度的或态度和行为结合的角度衡量品牌忠诚度。学者们虽然对品牌忠诚没有共同的定义，但普遍认为品牌忠诚不是单一维度，而是一个多维结构，且很多学者在研究不同品牌的不同产品的品牌忠诚度之后，明确指出品牌忠诚度在不同产品之间、不同消费者对同品牌之间、产品本身之间、消费者对不同产品的态度之间存在明显差异。约翰·法利（John Farley，1964）❶通过实证测试了"品牌忠诚度"为何因产品类别而不同的假设。

20世纪80年代前，学者的研究表明品牌忠诚度的决定因素是质量。20世纪80年代后，国内外学者普遍认为，消费者满意度是获取企业品牌忠诚度的重要手段，质量只是满意的前因。很多学者为了验证该理论，在各行各业做出了很多研究。金炳浩和艾兰科（Jin Byoungho，Aeran Koh）在《韩国男女消费者在服装品牌忠诚度形成过程中的差异：模型检验》（1999）❷中通过对韩国男性与女性消费者在服装品牌忠诚度形成过程中的差异进行模型检验，得出消费者满意度与品牌忠诚度的正向影响关系。普尼亚穆尔蒂（Punniyamoorthy）在《品牌忠诚度测量的实证模型》（2007）❸中通过对英文报纸的实证研究，证实顾客满意度对品牌忠诚度有显著的积极作用。胡彦蓉等在《大学生运动服装品牌忠诚度影响因素的灰色关联度分析》（2013）中以运动装为例分析大学生对运动服饰品牌的忠诚度，结果表明大学生顾客满意度是影响品牌忠诚度的重要因素。朱江晖等在《服装品牌形象对品牌忠诚度的影响机制》（2015）中通过分析服装品牌形象对品牌忠诚度的影响，表明顾客满意在感知价值和品牌忠诚度的影响中起到了部分中介作用，且顾客满意度与品牌忠诚度显著相关。塞尔瓦拉贾（Selvarajah）在《影响马来西亚Y世代时尚行业品牌忠诚度

柔性化定制趋势下定制服装品牌忠诚度驱动因素研究

---

❶ 约翰·法利. 为什么"品牌忠诚度"会因产品而异？［J］. 营销研究杂志，1964，1（4）：9-14.

❷ 金炳浩，艾兰科. 韩国男女消费者在服装品牌忠诚度形成过程中的差异：模型检验［J］. 服装和纺织品研究杂志，1999，17（3）：117-127.

❸ 穆鲁格桑·普尼亚穆尔蒂. 品牌忠诚度测量的实证模型［J］. 营销目标、测量和分析杂志，2007，15（4）：222-233.

的因素》（2018）❶中以马来西亚Y世代为研究对象，调查马来西亚时装业品牌忠诚度的影响因素，结果表明消费者购买行为、顾客满意度、品牌体验及转换成本与品牌忠诚度有直接关系，如果感知体验能够让顾客满意，他们就会对这个品牌忠诚，也可以与口碑相联系；一旦体验这个品牌并感觉愉快，便会把这个品牌积极地向他人推荐。

随着理论与实践的发展，在顾客满意度理论持续20多年之后，发现消费者的满意度与消费者的行为是一致的，而消费者的满意度并不必然导致消费者对品牌的忠诚度。学者们在对顾客满意理论研究20年后开始深入研究顾客价值理论，此时顾客价值被认为是品牌忠诚的要素。迈克尔·约翰逊等（Johnson，et al）在《忠诚意图的演变》（2006）❷中也认为感知价值是决定顾客的品牌忠诚意图的重要因素之一。如前所述，普尼亚穆尔蒂通过对英文报纸的实证研究证实感知价值是影响品牌忠诚度的关键因素。胡彦蓉（2013）发现运动服装品牌形象因素对品牌忠诚度因素有积极影响，更具体地说，无论是外在形象还是内在形象，都会显著地影响运动服装的品牌忠诚度。陈迪娜和曲洪建（2020）❸、陈改伟（2020）❹的研究得出感知价值正向影响品牌忠诚度，并对此提出提升品牌忠诚度的建议。除此之外，顾客信任、转换成本、品牌形象等也会对品牌忠诚度产生影响。尚鹏飞在《耐用消费品品牌忠诚形成机理及实证研究》（2021）中把品牌忠诚看作一个大的因变量，其他因素对品牌忠诚度的影响均被视为自变量。表达式如下：

$$Y=F\left(A，B，\cdots\right)$$
$$A=f\left(a_1，a_2，a_3，\cdots，a_n\right)$$
$$B=f\left(b_1，b_2，b_3，\cdots，b_n\right) \qquad （2-1）$$

❶ 塞尔瓦拉贾. 影响马来西亚Y世代时尚行业品牌忠诚度的因素［J］. 国际商业与管理杂志，2018，13（4）：201-209.

❷ 迈克尔·约翰逊，安德烈亚·斯赫尔曼，弗兰克·胡贝尔. 忠诚意图的演变［J］. 营销杂志，2006，70（2）：122-132.

❸ 陈迪娜，曲洪建. 服装在线社群特征对品牌忠诚度的影响研究［J］. 上海工程技术大学学报，2020，34（1）：98-103.

❹ 陈改伟. 顾客感知价值对手机品牌顾客忠诚度的影响研究［J］. 企业改革与管理，2020（8）：102-104.

其中，A，B，…是直接或间接影响品牌忠诚度Y的变量，每个变量类型下面又有一些小的影响因素，如a_1、a_2、b_1、b_2等。从表达式中可以看出，从直接或间接角度影响品牌忠诚度的因素有很多。国内外学者从产品、信任、满意度、品牌形象、品牌个性、品牌承诺、品牌体验、价格、功能、外观、转换成本、服务、企业形象、顾客期望等角度提出影响品牌忠诚度的因素。本研究通过对上述文献进行梳理，结合研究对象的特殊性，总结选取了顾客满意、感知价值、品牌形象、品牌个性、感知体验、感知质量六个影响因素作为定制服装品牌忠诚度的积极驱动因素展开分析。感知价值、顾客满意相当于表达式中的变量A、B，品牌形象、品牌个性、感知体验、感知质量相当于变量a_1、a_2、a_3、a_4或b_1、b_2、b_3、b_4，接下来分别对感知价值和顾客满意两大因素文献进行分析，并对与品牌忠诚、顾客满意、感知价值都相关的品牌形象、品牌个性、感知体验、感知质量的含义及意义进行述评。

三、讨论

归纳学者的观点，主要分为以下三类：第一，以行为为导向的品牌忠诚论，指出消费者在使用同一品牌时，会产生对同一品牌的偏好体验，进而形成真正的购买行为。第二，以态度为核心的品牌忠诚论，认为品牌忠诚论是指对某一品牌的情绪偏好，对某一品牌有持久的购买意愿和正面的行为。第三，将顾客的行为与态度结合起来的品牌忠诚论，它被认为是消费者对偏好的品牌产品和服务所分配的钱包份额。此项调查认同了将行为忠诚度与态度忠诚度相结合的观念，即衡量消费者的品牌忠诚度，除实际的购物行为外，还要看消费者购买产品和服务后的态度。他们不但会对品牌产生正面的情绪，还会有重新购买的意图，并会向他人提出购买建议。

研究表明，行为忠诚和态度忠诚都有其适用的产品和范围，并且学者们普遍认为品牌忠诚是一个多维结构，消费者综合几个不同的心理决策过程决定了品牌忠诚度。现存的研究已经证实品牌质量、感知价值、顾客满意对品牌忠诚度的提升有着积极显著的作用，同时也隐含依据不同的产品、不同的消费者、不同的场景、不同的购买渠道、不同的情况，对品牌忠诚度进行研究，只有这样，我们才能更好地了解不同产品的忠诚形成机制。因此，本研究以定制服装消费者为研究对象，根据定制服装产品的特点，结合定制服装消费者行为和心理，在购买前、购买中、购买后分析其所看重的质量、形象、个性、体验、价值、满意等因素。研究旨在从顾客感知价值理论、顾客满意理论、品牌忠诚理论等方面对定制服装品牌忠诚度的形成机理进行较为全面的剖析，以期对定制服装品牌或相关企业有所启发。

▋第四节　顾客感知价值的相关研究文献

　　价值是人类对于自我的维系与发展，为人类一切实践要素的本体，不同学科对价值的物质心态理解各不相同。经济学中，泽瑟摩尔（Zeithaml，1988）把价值定义为效用，是对消费产生的有用性或欲望满足的一种主观衡量。谢希特·伦（Schechter）在《一种规范的价值观念》（1984）❶中把顾客在购物过程中体验到的定性、定量、客观主观的所有因素定义为价值。市场营销中的价值研究总是以消费者为中心，以消费者的价值感知为决策依据。顾客价值取决于顾客本身，而非公司。以消费者为中心，向顾客提供有价值的商品或服务，并将客户的感知价值视为主要考虑因素。白长虹在《西方的顾客价值研究及其实践启示》（2001）中认为顾客价值与顾客感知价值含义是相同的。尤其是服务营销领域，德鲁克（Drucker）在20世纪50年代就指出价值是顾客最终购买和消费的对象，但价值主要通过产品交易来衡量，顾客对价值的感知又会影响顾客做出最终的购买决策。20世纪末，随着学者们对消费者感知价值的探讨日益受到学术界的重视，感知价值被视为顾客满意和顾客忠诚的驱动力之一。那么什么是本研究中的顾客感知价值？通过对文献梳理与分析，本研究将结合顾客感知价值的概念及测量维度来加以阐述。

---

❶ 谢希特·伦. 一种规范的价值观念［J］. 进步杂货商执行报告，1984，2：12-14.

一、顾客感知价值的概念

通过文献梳理与分析得出顾客感知价值是感知利得（Perceived Benefits）与感知利失（Perceived Sacrifices）之间的权衡，这个解释得到众多学者的认同。顾客把自己付出货币成本后所得到的产品物理属性（款式、面料、色彩等）和服务属性（售后、抱怨的处理以及物流等）的认知看作感知利得；把购买该产品和服务时付出的时间、金钱、交通、情感等所有成本看作感知利失。科特勒和利维（Kolter，Levy）在《拓宽营销理念》（1969）[1] 中提出顾客感知价值是以顾客为导向，创造顾客满意的产品。泽瑟摩尔（Zeithaml，1988）则对多兹和门罗（Dodds，Monroe）在《品牌和价格信息对产品主观评价的影响》（1985）[2] 中首次提出的模型进行改编，提出顾客感知价值测评感知质量的思路，该模型针对饮料市场进行探索性研究，通过文献总结、与消费者深入访谈、问卷调研的形式，将包含价值、质量和价格之间关系的顾客感知价值内涵进行总结，如图2-1所示。

第一，价值等同于低价，这个概念与谢希特（Schechter，1984）的概念一致，认为在产品交易过程中，货币价格更重要。

第二，与经济学中效用的定义相似，即主观对消费产生的实用性或满足程度的衡量。该概念认为利益在产品和服务交易过程中更重要。购物体验中所有相关因素，包含定性因素、定量因素、主观因素和客观因素都是价值感知的相关确定标准。

第三，价值是在产品和服务交易过程中付出的价格与获得的质量之间的权衡。这与多兹和门罗（Dodds，Monroe，1985）定义的感知价值是感知质量与牺牲两个变量之间的权衡是一致的。布泽尔（Buzzell）等在《PIMS原则：将战略与绩效联系起来》（1987）[3] 中对影响营销策略的利润（PIMS）进行研究，把价值定义为质量和

柔性化定制趋势下定制服装品牌忠诚度驱动因素研究

---

[1] 菲利普·科特勒，席德尼·利维. 拓宽营销理念 [J]. 市场营销杂志，1969，33（1）：10-15.

[2] 多兹·威廉，肯特·门罗. 品牌和价格信息对产品主观评价的影响 [J]. ACR北美进展，1985.

[3] 布泽尔，等. PIMS原则：将战略与绩效联系起来 [M]. 纽约：西蒙与舒斯特出版公司，1987.

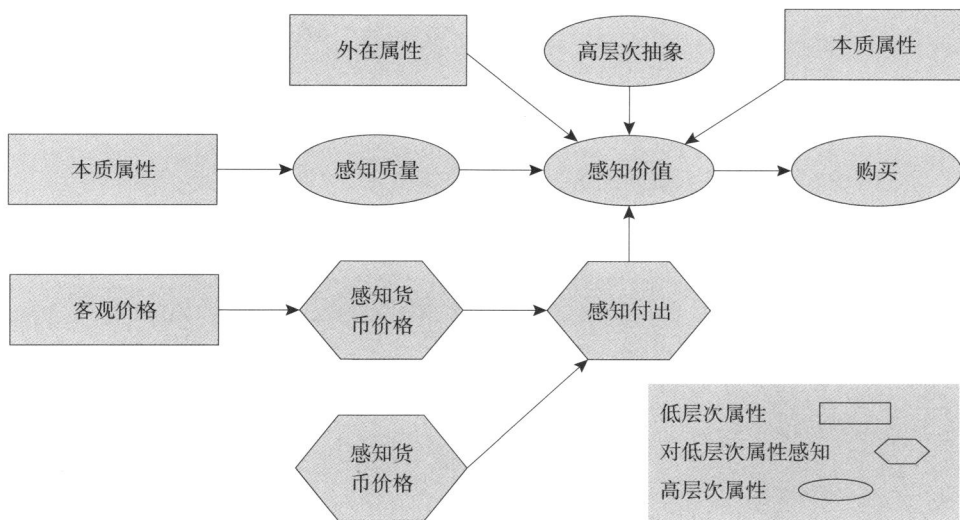

图 2-1　泽瑟摩尔（1988）的顾客感知价值模型

来源：泽瑟摩尔. 消费者对价值、质量和价格的认知：手段—目的模型和证据的综合［J］. 市场营销学报，1988，52（3）：2-22.

价格之间的关系，高价格会带来高质量，消费者会根据感知质量进行购买，但高质量也意味着消费者需要为之付出更多的费用。门罗（Monroe）在《定价：做出有利可图的决策》（1990）❶中指出消费者感知价值是指消费者所感受到的商品或服务的品质或效益与所付出的价格或成本之间的权衡。博贾尼奇（Bojanic）在《酒店业消费者对价格、价值和满意度的感知：一项探索性研究》（1996）❷中也认同该主张，提出了三种价格与质量之间的三种价值，即可比价格提供可比质量，溢价价格提供优等质量，折扣价格提供较差质量。该模型同时能体现出货币价格属于感知价值中的低层次属性，而感知质量又能体现较高层次属性的特性，具备更高层次属性的感知价值则是由较高层次属性的感知质量和较低层次属性的感知价格构成的。

第四，将价值概念化为对产品属性权重比较后，根据消费者付出的成本将其估价加权的价格，即用他们所给予的东西与所得到的东西权衡，这一概念类似于美元

---

❶ 肯特·门罗. 定价：做出有利可图的决策［M］. 纽约：麦格劳—希尔学院，1990.
❷ 大卫·博贾尼奇. 酒店业消费者对价格、价值和满意度的感知：一项探索性研究［J］. 酒店与休闲营销杂志，1996，4（1）：5-22.

的价值度量。

　　除泽瑟摩尔的顾客感知价值模型外，过去感知价值的定义在此基础上被大多数学者探讨，如表2-2所示。

表2-2　感知价值的定义

学者	定义
安德森、那鲁斯（Anderson，Narus，1998）	顾客价值是指消费者在购买商品或提供的服务与所需的全部费用相对应时所产生的"净利益"
伍德拉夫、加迪尔（Woodruff，Cardial，1996）	感知价值是感知期望与感知付出之间的权衡
伍德拉夫（Woodruff，1997）	在特定情景下对产品的特性和利用其所产生的效果有帮助或妨碍消费者达到目的的倾向或评估
董大海、权晓妍、曲晓飞（1999）	顾客价值被概括为：$V=U/C$。V为顾客价值，U为顾客感知效用，C为感知付出
格罗鲁斯（Gronroos，2000）	从关系营销的角度界定顾客感知价值，是顾客在产品交易过程中不仅感受产品自身价值，还要对企业提供的附加值进行评价
科特勒（Kolter，2000）	基于权衡的概念，对感知价值各要素进行更全面的分解；V值=效益（功能效益+情感效益）/成本（金钱+时间+能量+精神）
弗林特等（Flint et al，2002）	感知价值是在特定条件下顾客对供应商提供的产品或服务的所有相关利益和牺牲所创造的价值的权衡
门罗（Monroe，2003）	顾客感知利益或质量与顾客感知到的包含货币成本在内的其他一切成本的总和，该等式中感知利益是在特定使用情况下可获得的物理属性、服务属性和技术支持的组合
范秀成、罗海成（2003）	顾客感知价值=f（功能价值、情感价值、社会价值）=f（顾客感知所得、顾客感知付出）。其中，功能价值包括品质与价格，它表示消费者在不同情况下的需要，以及对感知价值产生决定性影响的因素

　　注　根据相关文献整理。

柔性化定制趋势下定制服装品牌忠诚度驱动因素研究

　　泽瑟摩尔后来把消费者对顾客感知价值四种概念界定为顾客接受产品和服务的价值减去顾客在获取该价值时付出的时间、精力、交通等成本后对产品效用的整体评估。该定义表明不同的人对不同情境下的不同产品和服务感受到的价值不尽相同，且价值是收益（效用）与牺牲（成本）之间的权衡，该概念成为感知价值研究的基础。后来多数学者也都认同此观点。有学者根据不同情境、不同产品和服务提出价值感知是情境性的，并取决于发生评价判断的情境，这一观点有助于解释价值意义的多样性。盖尔（Gale）等在《管理客户价值：创造客户看得见的质量和服务》（1994）[1]中提出，感知价值是指在对商品的市场价格进行调节之后所获得的品质。白长虹在《西方的顾客价值研究及其实践启示》（2001）中从市场营销的角度认为价值是消费者在获得产品和服务的总体成本最低情况下要求的满足。

通过以上分析可以看出，学术界对于消费者感知价值的界定还没有统一的结论。不同的视角、不同的产品和服务、不同的消费者和研究对象以及关注问题的差异对顾客感知价值概念的界定各不相同。相比之下，感知利得与感知利失之间的权衡是感知价值较普遍的看法。感知利得是顾客对产品的物理属性（外观、形象、质量）和服务属性（功能、品牌）的认知，感知利失是指消费者在购物过程中所付出的时间、金钱、交通、情绪等全部费用。企业怎样提升自己的感知价值？伍德拉夫（Woodruff，1997）以资讯处理为基础，建立了最有代表性的顾客价值层级模式：首先，客户对特定的效能满意；其次，满足消费者在使用商品和服务时的预期效果；最后，最高层次要使客户能够按照其最终的结果，对其核心价值和客户的目标达成能力产生预期。在此基础上，客户可以根据自身的具体情况，对产品属性、结果和目标预期进行比较。另外，顾客对产品在其生命周期的不同时期发挥的价值不同，认为感知价值是动态变化的。也有学者指出研究顾客价值的同时，根据顾客购买阶段融合期望价值和实际价值。由于不同顾客在不同时间对产品的期望价值不同，表明顾客价值具有动态性特征。与此同时，伍德拉夫在1997年的研究中，将客户的价值与使用场景和客户导向的消费者对产品的认知经验相结合，并指出客户的认知和评估是企业感知价值的重要源泉，这与奥利佛（Oliver）提出的感知价值的关键特征是一致的。因此，企业可以从提高顾客的感知获得、减少顾客的付出成本的角度来实施营销战略。

---

[1] 盖尔，等. 管理客户价值：创造客户看得见的质量和服务［M］. 纽约：西蒙与舒斯特出版公司，1994.

二、顾客感知价值的构成维度

消费者对产品或服务的感知有时可能只受到一个值的影响，但大多数时候的选择会受到两个或更多值的影响。谢希特（Schechter）指出，如果仅把质量和价格之间的权衡看作价值过于简单。因为企业在产品质量、服务质量、特色服务方面也会为顾客提供卓越的价值。该观点表明除质量和价格之外，还有其他维度影响价值结构，需要一个多维度的测量来理解消费者对产品和服务的感知。斯维尼和苏塔（Sweeney，Soutar）在《消费者感知价值：多项目量表的发展》（2001）中也表明在调查顾客感知价值时，多重价值维度比单一的物有所值更能解释消费者的选择，产生的结果会更好。巴宾（Babin）等在《工作或乐趣：衡量享乐和功利的购物价值》（1994）[1]中表明，感知价值可以根据其为消费者提供的功利主义价值（有效的、功能的、生产性的、高效和实用的）和享乐主义价值（愉快的、快乐的、有趣的）两个方面对消费者的购物体验进行评价。李恩珠与奥夫比（Lee，Overby）在《为网上购物者创造价值：对满意度和忠诚度的影响》（2004）中通过对网络购物顾客感知价值研究得出：实用价值和体验价值正向影响顾客满意度。这种对价值二维的研究为价值构成的多维研究奠定了基础。

哈特曼（Hartman）在《价值结构：科学价值论的基础》（1967）[2]一书中提出价值论模型由外部价值（特定服务的功能性使用）、内在价值（消费者的心理感受与情感表达）、系统价值（各价值之间的内在逻辑关系）构成。马特森（Mattsson）在《美国广播公司价值的商业改进》（1991）[3]中基于价值论模型提出感知价值通用的三个维度：情感价值、实用价值、逻辑价值。情感价值关注消费者的感觉，实用价值主要从消费对象的有形和功能方面考虑，逻辑价值从理性和抽象的角度进行测量。丹纳赫和马特森（Danaher，Mattsson）在《服务交付过程中的顾客满意度》（1994）

柔性化定制趋势下定制服装品牌忠诚度驱动因素研究

---

❶ 巴宾，等. 工作或乐趣：衡量享乐和功利的购物价值［J］. 消费者研究杂志,1994,20（4）:644-656.

❷ 罗伯特·哈特曼. 价值结构：科学价值论的基础［M］. 卡本代尔：南伊利诺伊大学出版社,1967.

❸ 皮特·丹纳赫，简·马特森. 美国广播公司价值的商业改进［J］. 隆德：学生文献,1991.

论证了哈特曼（Hartman，1967）价值论模型中的外部价值、内在价值、系统价值三个维度对顾客满意度都有积极或消极的影响。斯维尼（Sweeney）等在《产生消费价值项目：一种平行访谈过程方法》（1996）中采用功能价值、社会价值、情感价值作为衡量价值的尺度。罗杰（Roger）在《基于市场的管理：提高客户价值和盈利能力的策略》（2013）❶中指出顾客在购买产品和服务的体验过程中付出较低的获取价格、较少的付出成本后所感知到的产品和服务利益、品牌利益、情感满足，顾客感知价值除经济收益和所感知的产品和服务的收益之外，利益提供者抓住了顾客"情感"价值，走情感路线。例如某些品牌的广告语：香奈儿的"想要无可取代，就必须时刻与众不同"、联邦快递的"使命必达"等简单的广告语打动消费者的内心世界，并带给他们一段美好的情感体验。再比如一些大家耳熟能详的产品因为加入了情感，会比其他同属性的产品价值更高，玫瑰花因为加入了男士表白的场景而比其他花卖得贵，钻石因为加入了求婚的场景而比其他石头卖得贵。曾经在淘宝红极一时的"枣夹核桃"的复兴也是因为营销研究团队将其加入2月14日情人节的场景，创造了"枣想核你在一起"的情感体验，使其再次成为网红产品。另外，当前在国内一、二线城市兴起的"宠物殡葬业"也是抓住了消费者和小动物之间的情感，为顾客提供了情绪价值，从而引导消费者消费。

斯维尼和苏塔（Sweeney，Soutar，2001）针对耐用品市场，根据消费者购买前后的情况，开发了简约而实用的消费者感知价值四维量表（Perval模型），即质量价值（功能）、价格价值、情感价值（享受或愉悦）、社会价值。该量表从消费者选择的视角，分析消费者购买前评估产品功能方面的预期性能（质量价值），购买过程中评估产品和服务带来的享受和愉悦（情感价值/体验价值），购买后是否物有所值（价格价值）及产品传达给别人的社会影响（社会价值）。该量表研究表明调查顾客感知价值时，多重价值维度能比单一的"物有所值"产生更好的结果，之后该模型被王永贵等在《客户价值和客户关系管理绩效的综合框架：基于中国的客户视角》

---

❶ 贝斯特·罗杰. 基于市场的管理：提高客户价值和盈利能力的策略［M］. 纽约：培生出版社，2013.

（2004）**❶** 中验证得出四个维度都对顾客满意度有显著影响。

谢丝、纽曼、格罗斯（Sheth，Newman，Gross）在《我们为什么买，我们买什么：消费价值理论》（1991）**❷** 中分析消费者根据多种形式价值来选择产品和服务并选择一个品牌。这些价值包括功能价值、情感价值、情景价值（条件价值）、社会价值和认知价值，从功能、使用、物理性能三个方面感知到的价值是功能价值，购买产品和服务过程中的心理感受是情感价值，面临特殊环境、特定条件下的选择称为情景价值，消费者与其他社会群体相一致的形象或者消费者希望展现的社会形象相一致的形象是社会价值，而把对知识的渴望和新奇事物的追求称为认知价值。明娜（Minna）在谢丝（Sheth，1991）等影响感知价值五维概念的基础上，在《基于位置的移动服务中感知价值与忠诚度的关联》（2005）**❸** 中针对移动服务，从多元化的价值视角提出顾客感知价值的六维价值：情感价值、社交价值、便利价值、货币价值、认知价值、条件价值。在此基础上，学者们在纺织服装行业及其他行业针对不同类型产品或服务，根据其特点及不同的场景，从不同的角度对顾客感知价值进行了不同研究。

佩特里科特（Pepatrick）在《开发用于衡量服务感知价值的多维量表》（2002）**❹** 中从质量、货币价格、行为价值、情感反应和声誉对时尚行业的顾客价值进行了研究。杨晓燕（2006）以绿色化妆品为例，提出顾客感知价值包括功能、情感、社会价值、感知付出四个维度，创新性地运用了绿色价值这一概念。杨江娜在《中档女性服装顾客感知价值研究》（2008）**❺** 中以中价位女装为例，从产品的服务、价格、内在属性、外在属性、广告、品牌声誉、属性七个关键因素对其进行研究，发现该价

❶ 王永贵，等. 客户价值和客户关系管理绩效的综合框架：基于中国的客户视角［J］. 管理服务质量：国际期刊，2004.

❷ 谢丝·贾哥迪，布鲁斯·纽曼，芭芭拉·格罗斯. 我们为什么买，我们买什么：消费价值理论［J］. 商业研究杂志，1991，22：159-170.

❸ 普拉·明娜. 基于位置的移动服务中感知价值与忠诚度的关联［J］. 管理服务质量：国际期刊，2005，15（6）：509-538.

❹ 佩特里科特. 开发用于衡量服务感知价值的多维量表［J］. 休闲研究杂志，2002（34）：119-133.

❺ 杨江娜. 中档女性服装顾客感知价值研究［D］. 广州：广东工业大学，2008.

位女装具有层次结构。约瑟夫·西莫娃（Jozefína Simová）在《客户价值的概念模型：对服装零售的影响》（2009）中根据服装零售购物的特点和相关问题，从功能、认知、情感、条件、社会等维度分析顾客价值利益构成的五个主要维度和顾客价值牺牲属性的三个维度（时间、价格、访问成本）。迟亭（Chi）等在《了解消费者对休闲运动服的感知价值：一项实证研究》（2011）中运用消费者感知价值模式，从价格、质量、情感、社会四个角度对美国休闲运动服的消费感知价值进行了实证分析。李国新（Li）等在《中国奢侈时尚品牌消费者：感知价值、时尚生活方式与支付意愿》（2012）中针对中国购买奢侈品时尚品牌消费者的生活方式及消费倾向从社会价值、情感价值、功利价值、经济价值的角度探索消费者感知价值与购买意愿的关系。白玉玲（Bai）等在《网络服装品牌客户感知价值研究》（2016）结合时尚产业与网络服装品牌的特点，从功能性价值（价格、质量、时间、精力）、服务价值（网站服务质量与品牌服务质量）、社会价值（自我满足和归属感）三个维度对网络服装品牌的顾客感知价值进行调查。李梭（Suo）等在《电子商务服装预售模式中基于感知价值的消费者购买意愿影响因素分析》（2020）中结合服装电商预售情况从感知利益（服装产品预售价值、预售品牌服务价值）、感知牺牲（预售感知成本价值、预售感知风险）两个角度、四个维度对服装电商、服装预售市场进行实证分析，分析了感知利益、感知牺牲、感知价值之间的相关性。

三、定制服装的顾客感知价值

在对大规模定制的研究中，费奥雷和施赖埃尔（Fiore，2004；Schreier，2006）指出产品和大规模定制体验或协同设计过程被认为是大规模定制的两种全球价值来源。除此之外，在定制产品中，实用价值结合了美学和功能，取决于产品类别。消费者通过展示其"个性"来表达定制产品的独特性价值，且这里的独特性价值与自我导向和他人导向的独特性价值不同，它寻求与自我形象相匹配的产品。自我表达价值与拥有反映自己形象的产品所带来的利益相对应，无论消费者是否想要维护自己的身份。由此大众定制产品的三大优势已经得到认可，即实用性、独特性和自我表达价值。梅勒（Merle）在《大众定制产品感知价值与大众定制体验对个人消费者的影响》(2010)❶中认为定制本身不足以评估大规模定制的价值。从该角度出发，实证测量了与大规模定制产品和协同设计过程相关的三种感知价值，即实用价值、独特性价值、自我表达价值，这三个维度属于产品价值。享乐价值和创造性价值，这两个价值和协同设计过程有密切关系，属于体验价值。研究表明对于特定的产品类别，协同设计过程比定制产品本身对感知价值有更大的影响。结合前面描述的定制服装的特点，作为既可以反映自我个性和社会身份又可以增强穿着者社会形象的传达手段的定制服装，学者们根据不同情景、不同服装类型及不同消费者对定制服装感知价值进行了多方面研究。

兰姆和卡拉尔（Lamb，Kallal）在《服装设计的概念框架》(1992)中以特定目标消费者为对象，通过对花样滑冰服、洁净室服装设计、无尘室服装设计三种特定消费者定制服装需求进行分析，建立了不区分功能服装和时尚设计的包含功能（合体性、舒适性、保护性、易穿脱性）、审美（设计原则、艺术元素、身体和服装之间的关系）和自我表达（价值观、社会角色、社会地位、自尊）三个方面的FEA消费者需求框架。由于消费者在服装领域内对功能、美学和表达的需求及关注的具体目标不同，因此该模型框架还可以用作评估其他定制服装的需求。李浩和朱伟鸣（Li，Zhu）在《O2O服装定制品牌顾客感知价值差异研究》(2015)中对O2O服装定制品牌进行的实证研究表明质量价值是影响感知价值最重要的部分。另外，创新也是该定制模式的又一动力，避免同质化的设计，以满足顾客个性需求，给消费者满意的顾客体验。郑喆在《高级定制男装的顾客价值构成要素》(2017)中认为，中国高档男装的品质、服务、体验、个性化需求、社交需要五大因素构成了男士定制服装的价值。巴杜里（Bhaduri）等在《只为你：揭开大规模定制服装购物者的特征》(2018)中以"千禧一代"为研究对象，从货品价值、质量价值、社会价值、享乐价值、认知价值方面分析年轻消费者购买大众定制服装的特点。洪子又、朱伟明在《服装定制工匠精神价值评价指标体系构建》(2019)❷中从产品、服务、品牌、人员、

---

❶ 梅勒·奥雷利. 大众定制产品感知价值与大众定制体验对个人消费者的影响［J］. 生产经营管理，2010，19（5）：503–514.

❷ 洪子又，朱伟明. 服装定制工匠精神价值评价指标体系构建［J］. 浙江理工大学学报，2019（42）.

设施等方面对服装定制工匠精神的价值进行了价值评估。

比约克（Björk）在《我想要最好的：定制运动服的感知价值》（2019）中基于FEA消费者需求模型，以小跑运动员定制服装为例，定制服装感知价值被解释为产品价值和品牌价值，产品价值因素被解释为功能、表达、审美和体验因素，品牌价值因素被解释为满意度、顾客参与和品牌价值。闫文杰（Yan）等在《服装行业数字化定制发展的客户价值维度》（2020）中基于数字技术下服装定制行业的发展，从真实性价值（协作定制）、社会价值（满意的体验）、审美价值（个人形象的解决方案）和实用价值（适宜性和舒适性）四个角度构建了服装定制顾客价值的维度，研究表明，中国消费者对服装定制的需求已经转向服务价值、体验价值、产品价值。于欣禾、王建平在《互联网环境下男衬衫定制顾客感知价值评价方法》（2020）中根据相关文献结合服装互联网定制的优点和缺点以及消费者对线上定制的心理预期，从个性化需求、在线服务、社会需求、产品品质四个角度分析并通过收集资料实证研究了线上男衬衫定制顾客感知价值，其中个性化需求和产品品质认可度最高。

综上所述，学者们对定制服装感知价值的研究符合当下消费者消费升级与体验升级后未来服装产品的消费趋势（高品质、高性价比、高审美、高参与及高情感体验）的新的消费特征。高品质指现在服装品牌推的款式、面料、工艺与之前相比都进行了升级，年轻人不再追求化学纤维，而是追捧类似羊毛、丝绸、纯棉等天然纤维。高性价比需要从商家和消费者两个角度来看：商家的角度是成本加价率，现在由于受电商冲击和国际品牌的冲击，线下和线上商店的价格都进行了下调；而消费者的角度是消费升级，从根本上讲是消费者认知升级，即消费者认为他花了200元钱买了价值500元钱的服装，也就是物超所值。高审美指的是除款式和设计之外，品牌的包装设计、门店装潢、卖场的服装陈列搭配以及各种视觉审美体系都在升级，好看成为当下服装消费的一个标配。高参与指消费者希望与品牌互动，可以对所买到的产品进行评论，也可以根据自己的需要更改设计，还可以在线要求主播或设计师穿上服装转一圈以全方位地了解服装，并且可以为品牌做口碑维护。高情感体验是让消费者感受到买到的不仅是一件可以让自己变好看的服装，还有品牌审美、生活方式、价值观。因此，现在的品牌建设必须有精神内涵和价值主张，必须打动消费者与消费者产生情感共鸣。

研究发现，如果消费者重视内在价值和复杂个性过多则不容易受到规范的影响，因此要对品牌形象给予重视。贝尔（Biel）在《品牌形象如何驱动品牌资产》（1993）中指出品牌形象有硬属性（有形与功能性）和软属性（品牌象征意义和认同感），它包含了消费者对服装品牌的各种联想，除上面提到的精神内涵、价值主张外，还认为品牌形象可通过对品牌文化、品牌形象代言人的"IP"，以及品牌产品形象和穿着者形象的联想来体现。其中软属性与表达消费者寻求与其他社会群体的形象或是消费者希望展现的社会形象的社会价值相一致，这是感知价值中感知利得的部分。"个性"在西方文化中被描述为人的主观的自我感觉。艾克（Aaker）在《建立强大的品牌》（1996）中将消费者消费行为中的"求认同"和"求独特"两个基本逻辑假设为品牌个性的理论依据。独特性价值是消费者寻求与自我形象相匹配的产品来展示个性。自我表达价值与反映自己形象的产品所带来的利益相对应，也是表达个性的产品。艾克的研究揭示了消费者与品牌个性"相似"或"互补"的关系，即消费者在选择服装品牌时，品牌风格要么和自己性格相同，从服装款式、面料、色彩搭配上和自己形象气质一致，达到情感一致。要么品牌风格和自己完全相反，性格内向、不善言谈、肤色偏暗的消费者可能会选择明度和纯度都比较高的色彩，以及款式张扬、设计大胆的品牌来弥补自己的个性需求，这在要求创新的定制服装中表现颇为明显。因此，本研究将品牌个性作为定制服装顾客感知价值的构成要素。

体验价值与服装定制过程中顾客的高度参与、消费者与设计师协同设计的互动有关。消费者根据公司提供的标准化产品结合自己的需求对定制服装的款式、面料、色彩、装饰细节及图案选择自由表达自己的观点时，就产生了价值。在这个过程中体验的要素包含了服装定制核心服务、品牌传播与服务，消费者在定制的过程中所体验到的从来不曾实现的自我价值的成就感等都是消费者对品牌产品和服务质量及品牌消费体验评价的主要因素。而研究也表明，解决服务的质量和深度是定制服装感知价值的重点，而定制服装的质量是重中之重。齐奥索（Tsiotsou）在《感知产品质量和总体满意度对购买意图的作用》（2006）中指出，定制服装的质量可以通过使用色牢度比较好的面料、良好的工艺、高质量的针脚、耐穿以及品牌的服务来表达。松希尔德（Sunhilde）在《服装行业顾客满意度驱动因素的管理方法》（2010）中对西班牙女性购买产品进行的一项调查显示，接近2/3的女性在购买产品时最看重的是质量。因此，在本论文研究中，我们把感知定制服装的质量（包含服务质量和产品质量）作为定制服装感知价值的核心组成部分。

综上所述，本研究从品牌形象、品牌个性、感知质量、感知体验四个维度构建定制服装顾客感知价值的研究框架。

第五节　顾客满意的相关研究文献

一、顾客满意的概念

霍普（Hoppe，1930）和勒温（Lewin，1936）在20世纪30年代开始从社会及实验心理的角度研究顾客满意理论。20世纪70年代初，西方国家对顾客满意度的研究越来越重视，至70年代后期80年代初期，顾客满意度已经成为企业战略管理的重要内容。20世纪90年代中期，国内的专家学者开始在理论界研究顾客满意理论。费耐尔（Fornell）相信，提升客户满意度可以帮助公司维持客户忠诚度，减少竞争者对客户的吸引力。罗海成认为，顾客满意度是指消费者在与品牌或企业的交易中，能够有效地满足自己的需要，并由此建立起一种对未来产品或服务的信任，从而有可能增加企业产品的市场份额。

通过阅读文献，将顾客满意的定义分为两大类：一类是差异性的顾客满意，是顾客多从个人角度出发，研究期望与实际情况、成本与收益之间的比较，早期研究多属于此。另一类是累积性的顾客满意，是在顾客经历多次购物体验后全方位地对购买过程和消费感受进行的总体评价。

霍华德和谢斯（Howard，Sheth）在《消费者行为理论》（1969）中把顾客满意度看作一种心理评价，它反映了他们所购买的产品（或服务）组合的预期与现实的差别。该研究结果将消费者满意的因素归结为投入和产出，而忽略了其他因素，有其自身局限性。亨特（Hount）在《消费者满意度和不满意度的概念化和测量》

（1977）❶中认为顾客满意是指在对以往的消费体验进行评价后，将消费者购买和使用某品牌的商品（或服务）与其他品牌的商品或服务的需求、愿望等进行对比，该定义属于差异性的顾客满意。奥利佛（Oliver）在《满意度决策的前因和后果的认知模型》（1980）中指出满意就是指消费者在其预期或需求能否得到满足的情况下，对其商品和服务的评估，心理学中"差异模式"是其理论依据。在此模式中，顾客的满意度由两个方面来决定：一是消费者的期望值或需求程度，也就是预期或需求与感知绩效之间的差异；二是消费者对自身需求的期待程度。按照丘吉尔和苏普雷南特（Churchill，Surprenant，1982）、戴维和威尔顿（David，Wilton，1988）的研究结果，顾客满意被表示为购买前期望和购买后顾客满意度等于 f（期望、感知绩效）与感知性能（各自的产品/服务）的函数，这两者都符合理性期望理论，预期具有积极的效果。斯普伦和奥尔沙夫斯基（Spreng，Olshavsky）在《一种消费者满意度的期望一致性模型》（1993）❷中将顾客满意定义为顾客的实绩预期和顾客的期望不相符。产品属性、属性层次以及用户所能得到的利益，都将直接影响消费者的消费行为，进而影响消费者的满意度。

在以往的研究基础上，吉斯和科特（Giese，Cote）❸在《定义消费者满意度》（2000）中对客户满意进行了全面的调查，并对个体和团体进行了访问，得出了客户满意的定义包括以下两方面的含义：一是顾客满意是消费者情感或认知上的反应。二是这种反应对某一个时间点或者特定时间段（消费前、消费后或者是基于经验的积累），对于产品期望与消费经验、消费体验等层面不同程度感受到的总体情感反应。古斯塔夫森和约翰逊（Gustafsson，Jonson）❹等在《客户满意度、关系承诺维度和触发器对客户保留的影响》（2005）中提出顾客满意是消费者对消费体验与原先

❶ 亨特·凯斯. 消费者满意度和不满意度的概念化和测量［J］. 剑桥：营销科学研究所，1977.

❷ 斯普伦·理查德，理查德·奥尔沙夫斯基. 一种消费者满意度的期望一致性模型［J］. 营销科学学报，1993，21（3）：169-177.

❸ 简·吉斯，约瑟夫·科特. 定义消费者满意度［J］. 营销科学学院评论，2000，1（1）：1-22.

❹ 安德斯·古斯塔夫森，迈克尔·约翰逊，英格·鲁斯. 客户满意度、关系承诺维度和触发器对客户保留的影响［J］. 营销杂志，2005，69（4）：210-218.

柔性化定制趋势下定制服装品牌忠诚度驱动因素研究

期望进行纵向对比，是基于顾客"向后看"而产生的分析判断和感受。也有学者把顾客满意度与某个商品或某项服务的特定评估区分开来，即累积性的顾客满意。伍德拉夫（Woodruff et al）等在《使用基于经验的规范对消费者满意度过程进行建模》（1983）中指出累积性满意是顾客针对某一项产品或服务，在多次购买经历消费体验后的整体评价。约翰逊和费耐尔（Johnson，Fornell）在《用于比较个人和产品类别的客户满意度的框架》（1991）中认为顾客满意是消费者在购买某品牌商品时，对其提供的所有商品或服务的总体评价，是顾客整个购物过程的总体体验。因此，它不仅是比较不同类别产品的共同标准，还包括购买后或"事后"的经济效用。

我国各行业的学者也对顾客满意度进行了研究。《ISO 9000：2000质量管理体系——基础和术语》中提出顾客满意度以消费者对公司的产品和服务的期望为基础，即客户对其所提供的产品和所期待的实绩进行对比。当预期的实绩高于期望，顾客满意。反之，则不满意。刘宇在《顾客满意度测评方法的研究》（2001）中指出顾客满意包括商品满意（商品质量、功能、价格、设计、包装、耗费时间等）、服务满意（购买商品前的态度、使用商品中的回访以及购买商品后品牌和企业提供的售后和处理抱怨的服务）和社会满意（消费者在消费和享用产品时获得的社会福利）三个方面。赵平于《中国顾客满意指数指南》（2003）一书中指出，顾客满意是消费者对购买商品或服务等消费行为的经验评估和心理认识。这意味着在过去与品牌的交易中，企业能够充分地满足消费者需要，从而使消费者对品牌的产品和服务有信心。

从学者们的研究来看，消费者满意的概念主要包括三个方面：首先是顾客在购买产品（或服务）前对产品的期望。其次，顾客在购买后对所购购买的商品（或服务）的真实表现的认识。最后，顾客认识到所购买和使用商品（或服务）要付出总体费用的认识。也就是说，顾客满意是在总结以上三个因素对自己所购买的商品（或服务）或者是某一特定阶段与自己期望进行对比和分析，或者是多次购买经历之后顾客对企业提供商品或者服务进行整体对比分析产生的心理感受。

因此，本研究在把握顾客满意理论的基础上探讨消费者对定制服装品牌顾客满意度与品牌忠诚度之间的相关性，即产品和服务的实绩是否能满足消费者的期望，或者消费者在多次定购品牌服装之后的总体满意度。结合以上文献研究，借鉴伍德拉夫（Woodruff，1983）的观点，将顾客满意定义为定制服装顾客多次购买品牌服装或定制服务后的整体消费评价，包含服装质量、功能、价格、设计、包装、时间、物流等情况的可感知效果以及与整个市场环境的比较分析。企业，尤其是服装品牌企业，在进行新一季产品设计和服务设计时，要始终以顾客为中心，从顾客需求出发并能创造顾客需求，了解顾客的心理需要、生活诉求和期望目标，为消费者打造出满意的产品与服务，持续地提升顾客满意度。随着消费者个性化需求越来越多，快速反应成为企业标配。一件衣服从开始设计到交付顾客，仅需要七天。一位顾客可以根据自己的喜好量身定制服装，且仅用十天就可以穿在身上，服装企业需要快速对消费者需求做出反应。在此过程中，消费者参与并享受整个设计制作过程，如何在该过程中提高顾客满意度是本研究追求的目标。

二、顾客满意度指数模型

顾客满意度是一个经济学概念，需要与顾客满意度相联系的变量（功能、包装、服务、价值、期望、质量、形象、忠诚度）建立模型来进行评估。学者们的调查显示，顾客满意度是增加市场份额、赢得良好口碑和留住客户的一个先决条件，并且顾客满意度的前置因素一直是企业、品牌和市场营销专家关注的焦点。

奥利佛（Oliver）在《满意度决策的前因和后果的认知模型》（1980）中提出了满意度决策前因与结果的认知模型，即期望—实绩模型（图2-2）。他认为顾客期望是一种参考框架，消费者会根据期望做出比较，如果结果比期望低被认为是负向不一致，则顾客不满意。但结果超过期望被认为肯定不一致，顾客满意。之后国内外众多专家对其进行大量的实证分析，不少学者都赞同此观点。也有一些学者对此提出异议，认为实绩与期望之间的差异不会对顾客满意度产生明显的作用。汪纯本于1990年首先提出顾客期望是透过消费者的感受来间接地影响消费者的满意度，而非直接影响消费者的满意度。产品和服务实绩越是满足顾客的需要并解决顾客难题，顾客就越满意。反之，顾客就越不满意。

20世纪90年代后，在瑞典、美国等国家相继开展了顾客满意度指标的评估工作，并在此基础上构建了客户满意的指标体系。此外，挪威、加拿大、新西兰等国家也依据自身的具体国情以及顾客满意理论，在一些主要产业中构建了一个评价系

柔性化定制趋势下定制服装品牌忠诚度驱动因素研究

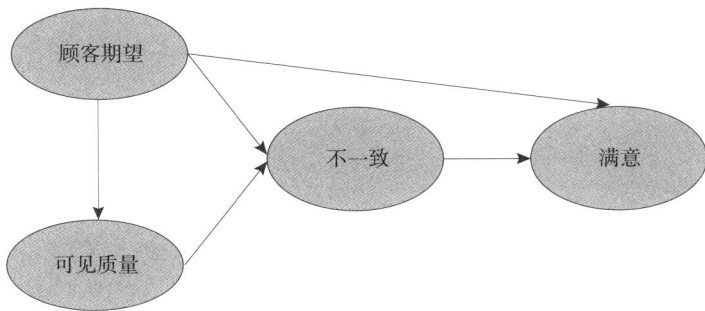

图2-2　期望—实绩模型

来源：理查德·奥利佛. 满意度决策的前因和后果的认知模型［J］. 营销研究，1980（17）：460-469.

统。中国也于1999年启动顾客满意度指数测评工作。

（一）瑞典顾客满意度晴雨表指数（Sweden Customer Satisfaction Barometer，SCSB）模型

瑞典顾客满意度晴雨表是1989年瑞典第一个推出的跨企业和跨行业对顾客满意情况的测量调查表。SCSB模型的核心理念是顾客满意度（图2-3）。该模型中的顾客满意是一种累积性的顾客满意度，这是一种消费者对某一商品或一项服务进行全面评估后的总体满意程度。该研究模型主要包括中介变量顾客满意度及前因变量"顾客期望""感知绩效"，以及两个结果变量"顾客抱怨""顾客忠诚"五个影响因子。顾客期望是一种预期的理想，是顾客期望得到的产品和服务。这种预期在消费者根据以往的消费经历、广告、朋友口头传播等方式收集信息并与实际购买的产品和服务做出比较评价后，从而合理地调节自己的期望能够正确地反映产品的品质，进而对企业的感知绩效产生积极的影响。感知绩效也被称作感知价值，是消费者对价格、产品的质量与服务三者之间的心理比值。安德森、费耐尔和莱曼（Anderson，Fornell and Lehmann）在《客户满意度、市场份额和盈利能力：来自瑞典的调查结果》（1994）[1]中证实了感知绩效增加会提高顾客满意度。同时，当顾客对预期以及产品质量或服务不满意时，消费者会对产品提供者进行投诉。反之，顾客抱怨则减少。

---

[1] 尤金·安德森，克莱斯·费耐尔，唐纳德·莱曼. 客户满意度、市场份额和盈利能力：来自瑞典的调查结果［J］. 营销杂志，1994，58（3）：53-66.

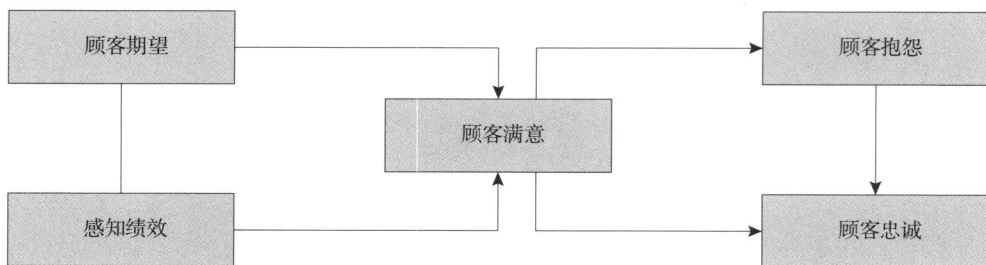

图2-3　SCSB模型

来源：罗斯·费耐尔. 全国客户满意度晴雨表：瑞典经验［J］. 营销杂志，1992，56：6–21.

从模型中也可以看出企业顾客抱怨系统处理结果若让顾客满意，则可以有效地将投诉或牢骚的顾客变成忠诚顾客。反之，顾客就会流失。同时也可以看出，顾客满意和顾客抱怨在一定程度上显著影响顾客忠诚，但不完全是正向影响，也有可能是负向影响，这取决于企业和品牌处理问题的能力。

费耐尔根据顾客满意度晴雨表，对超过30个行业和100家公司报告了前三年的应用情况。研究表明：如果顾客偏好与需求不同，差异化行业的SCSB应该更高；如果顾客偏好与需求是相同的，标准化产品的SCSB会更高。相比之下，如果客户的偏好不同，行业提供无差异的产品，顾客满意度就低；如果需求的异质性不能通过差异化产品来满足，顾客自然会给产品和服务较低的满意度。服装是迎合大众市场的，所以大部分品牌首先提供标准化的产品（如基本款的设计、工装、职业装等）。但本研究中定制服装是针对个性并多样化的消费者需求，要充分展现消费者个性与风格，并满足消费者各种社会需求，品牌就必须提供差异化、高品质的服装产品及优质的服务。

（二）美国顾客满意度指数（ACSI）模型

费耐尔（Fornell）等1996年根据瑞典顾客满意指数模型构建ACSI模型（图2-4）。在这里顾客满意是一个整体的评价，即客户对公司所供应的商品和服务的整体消费体验。SCSB模型中使用感知价值（质量决定价格和价格决定质量）和顾客期望对顾客满意度进行测量。ACSI方法通过对质量文献以及消费者体验的定制性和可靠性的区别分析，引入感知质量（Perceived Quality）结构，并把质量指数与价值指数相匹配。同时，感知质量有三个主要测量变量：一是评估定制体验，即在多大

柔性化定制趋势下定制服装品牌忠诚度驱动因素研究

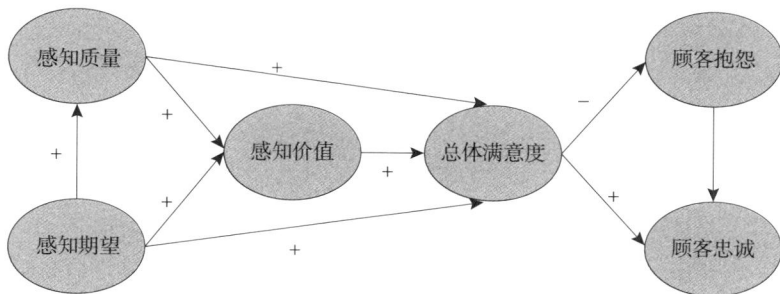

图2-4 ACSI模型

来源：费耐尔·克拉斯，约翰逊·迈克尔. 美国顾客满意度指数：性质、目的和发现［J］. 市场营销杂志，
1996，60：7-1.

程度上，公司为客户提供的产品或服务能够满足不同客户的需求。二是评估可靠性，
即一个公司的产品或服务可靠、标准化和无瑕疵的水平。三是质量体验的整体评价，
由此可以看出，顾客满意度究竟是由价格推动还是由品质推动。为了与感知质量测
量相匹配，ACSI模型还为顾客预期（预先购买）提供了自定义的预期（该产品在多
大程度上满足客户需要）、可靠性的期望以及整体质量期望三个相应变量用于实现顾
客期望，期望未来的质量是整体顾客满意度。期望的这种预测作用显示出对顾客满
意度的正面效果。

顾客根据过去的经验以及已经掌握的信息理性调整自身期望，并从过去的经验
中预测他们所获得的产品质量和价值。最后，顾客忠诚是整个模型中的结果变量。
顾客满意程度越高，抱怨越少，则忠诚度越高。如果企业能够正确地解决客户抱怨
和投诉，那么企业就可以抓住机会将抱怨和投诉的顾客顺势转化为培养忠诚顾客的
机会。

安德森（Anderson）等于1994年的研究表明当竞争、差异化、参与或经验较高
时，满意度就高。同时该研究表明：从质量可靠性和定制性的角度，几乎所有行业
在制造和服务交付过程中的差异并不会提高感知质量和顾客满意度。客户定制对客
户的期望和质量感知比可靠性重要，尤其是服装定制行业，消费者对自己参与和设
计师协同设计的成果充满了期待，也对自己选择的面料和制作工艺非常中意。从价
格和质量的角度，与价格相比，质量驱动的满意度对制造业和服务业来说更重要，
并且消费者的参与度越高，满意度就越高，忠诚度也就越高。

（三）欧洲顾客满意度指数（ECSI）模型

欧洲顾客满意度指数 ECSI（图 2-5）模型是在 SCSB 模型和 ACSI 模型的基础上建立起来的。在 ECSI 模型中去掉顾客抱怨这个潜在变量，增加新的可能的变量企业形象，其余的变量基本与 ACSI 模型相同。形象是顾客对与该公司相关的联想的回忆。克里斯藤森和马尔特森（Kristensen，Martensen）等在《丹麦邮政的客户满意度测量：欧洲客户满意度指数方法的应用结果》（2000）中认为形象是顾客满意的重要组成部分。对企业而言，可靠、专业、创新、为顾客创造价值的形象会对顾客的满意度和忠诚度产生正面的影响。

在 ECSI 模型中，企业形象、顾客期望、感知质量和感知价值（价格方面）都会对顾客满意度产生一定的作用。感知质量又包含硬件（产品和服务的客观质量）和软件（与产品相关的服务——售后服务、服务场所环境、态度等）的评判。接着学者们根据欧洲各国的实际情况，相继采用模型的一部分作为自己对相关行业进行顾客满意度测量的基础。克里斯藤森和马尔特森等第一次采用 ECSI 方法对丹麦邮政的私人市场和业务市场进行顾客满意度测量，测量结果显示：与业务市场相比，私人市场中企业形象对消费者的满意与忠诚具有显著的影响，消费者预期则会对消

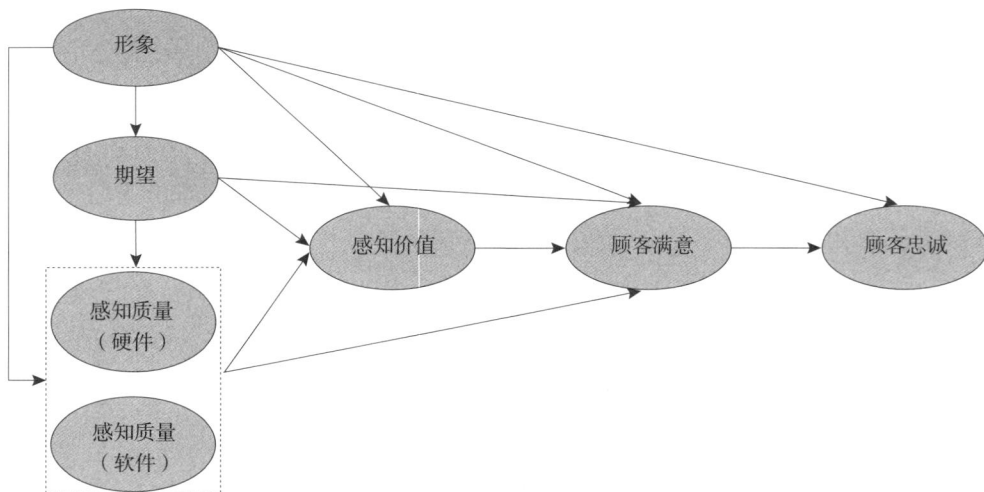

图 2-5　ECSI 模型

来源：凯·克里斯藤森，安·马尔特森，拉斯·格隆霍尔特. 丹麦邮政的客户满意度测量：欧洲客户满意度指数方法的应用结果［J］. 全面质量管理，2000，11（7）：1007-1015.

柔性化定制趋势下定制服装品牌忠诚度驱动因素研究

费者的感知价值产生一定的影响，而不会对顾客的满意度产生显著的影响。质量对忠诚度有直接影响，ECSI模型必须将产品和服务质量纳入忠诚度驱动因素，且该模型性能良好，对不同的行业具有不同适用性，可以随即应用到其他行业。巴约尔（Bayol）在《利用PLS路径建模估计欧洲消费者满意度指数（ECSI）模型》（2000）❶中对移动电话行业使用PLS路径模型估计欧洲消费者满意度指数，结果显示感知质量是顾客满意度最重要的因素，形象和感知价值的影响相对较小，但同样提出顾客期望对顾客满意没有影响。汤普森与厄兹坎（Türkyilmaz，Ozkan）在《客户满意度指数模型的开发：在土耳其手机行业的应用》（2007）❷在ESCI模型基础上开发土耳其移动电话部门顾客满意度指数模型的研究结果显示：客户满意度的主要影响因素是客户的感知价值，其次是产品质量、品牌形象，而客户满意对客户的忠诚有很大的影响。恰沃利诺（Ciavolino）等在《客户满意度建模与分析：案例研究》（2007）的研究表明，硬件对顾客满意度的影响最重要，感知价值和软件其次，企业形象和感知期望的影响最低。但企业形象和软件对感知价值的影响有非常高的正数值，期望的负面影响较大，并且顾客忠诚受软件和顾客满意度的影响。在本研究中，同意克里斯藤森和马尔特森（Kristensen& Martensen，2000）等的观点，ECSI模型中顾客忠诚是最重要的结果变量，通过向他人推荐产品和服务、再次购买的可能性以及顾客的保留价格来进行评价。

（四）中国顾客满意度指数（C-CSI）模型

中国顾客满意度指数（图2-6）是中国首个由北京知名品牌评估公司Chnbrand于2015年度公布的全品类顾客满意指标评价体系。该模型同时考虑了顾客满意度和忠诚度水平，通过对产品要素满意度、总体满意度、忠诚度的分析得出中国顾客满意度的C-CSI=（总体满意度×40%）+（要素满意度×40%）+（客户忠诚度×20%），从而能够更加科学地测量出顾客整体满意程度。要素满意度是根据产

第二章 相关研究文献综述

059

---

❶ 玛丽－保尔·巴约尔. 利用PLS路径建模估计欧洲消费者满意度指数（ECSI）模型［J］. 意大利应用统计学杂志，2000.

❷ 阿里·汤普森，科什昆·厄兹坎. 客户满意度指数模型的开发：在土耳其手机行业的应用［J］. 工业管理与数据系统，2007.

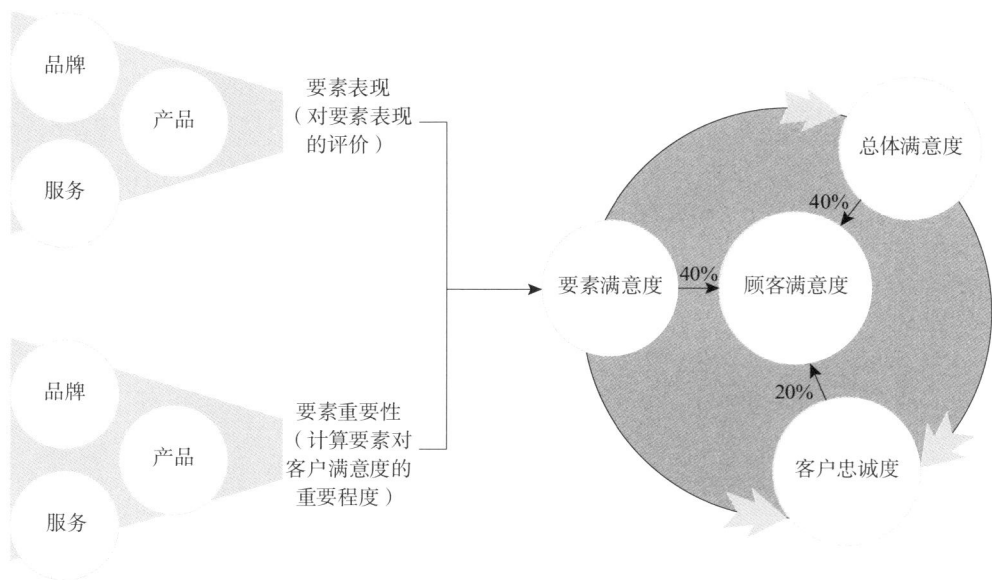

图 2-6　C-CSI 模型和计算方法

来源：C-CSI 研究成果发布平台。

品、服务和品牌形象三个要素表现的评价和各要素对客户满意度的重要程度计算的满意度。总体满意度是对产品、服务和品牌形象总体表现的评价，顾客忠诚度主要针对顾客的再购买问题。根据模型的箭头方向可以看出要素满意度对总体满意度和忠诚度起着显著的正向影响作用。

自 2016 年以来，Chnbrand 机构根据这个模型和计算方法每年对快时尚服装品牌进行满意度调查，并根据其公式对其进行满意度排名（见表 2-3~表 2-5）。从表中我们可以看出，自 2020 年以来，优衣库的顾客满意度始终保持前三的位置，并且两次位居榜首，优衣库品牌的服装风格以经典设计为主，休闲风格服装居多。人们对服装的追求以简约、舒适为主，无论是品牌影响力、产品质量，还是服务等方面，优衣库刚好迎合了大众追求物美价廉还要有社会价值的心理。根据 C-CSI 指数模型，2020 年 C-CSI 研究报告指出：自从 2015 年第一次进行调查后，C-CSI 的分数第一次超越了美国和韩国的平均值。中国品牌的增长主要源于对产品和服务的满意程度的提高，以及越来越多的消费者认可。品牌竞争进入新的品牌关系阶段，品牌如何在激烈的竞争中持续保持满意度竞争优势是品牌与消费者关系建立中面临的挑战（Chnbrand 2020）。2021年C-CSI的研究核心发现，由于顾客群在顾客满意度的不同表现，对顾客进行市场细分管理的时代到来。顾客群体越细分，就越能理解消费者的需求，同时从产品深度上进行挖掘，不断提升品牌产品和服务才能实现消费者满意度的进阶。除此之外，使消费者满意不是企业努力的终点，为消费者创造惊喜，才能为品牌带来更多的忠诚顾客和好口碑。

表2-3　Chnbrand 2020年中国顾客满意度指数^{SM}（C-CSI®)快时尚服装满意度排名细分指标

2020排名	排名变化	品牌	品牌发源地	C-CSI	C-CSI构成		
					客户忠诚度	总体满意度	要素满意度
第1名	—	优衣库	日本	79.3	78.4	81.3	77.8
第2名	+1	H & M	瑞典	79.2	75.0	83.3	77.2
第3名	−1	ZARA	西班牙	76.6	77.4	77.7	75.1
第4名	+8	C & A	荷兰	75.2	76.6	79.7	70.1
第5名	+3	热风	中国	75.2	76.9	77.9	71.6
第6名	+7	UR	法国	75.0	82.9	71.5	74.5
第7名	−1	唐狮	中国	72.8	70.9	73.2	73.4
第8名	−4	GAP	美国	70.1	59.8	75.2	70.1
行业均值				78.6	77.2	80.6	77.3

注　①品牌上榜条件是未提示提及率≥7%，且评价样本数≥50；②得分基于100分制。

表2-4　Chnbrand 2021年中国顾客满意度指数^{SM}（C-CSI®)快时尚服装满意度排名细分指标

2021排名	排名变化	品牌	品牌发源地	C-CSI	C-CSI构成		
					客户忠诚度	总体满意度	要素满意度
第1名	+3	C & A	荷兰	83.8	87.3	81.0	85.0
第2名	new	Banana Republic	美国	82.4	79.2	84.9	81.5
第3名	−2	优衣库	日本	81.1	80.6	82.8	79.7
第4名	+1	热风	中国	77.8	76.3	81.0	75.5
第5名	+2	唐狮	中国	77.6	78.0	79.6	75.6
第6名	−3	ZARA	西班牙	76.2	78.7	78.4	72.7

2021排名	排名变化	品牌	品牌发源地	C-CSI	C-CSI构成		
					客户忠诚度	总体满意度	要素满意度
第7名	+1	GAP	美国	75.2	77.3	75.0	74.4
第8名	new	Bershka	西班牙	72.4	79.1	73.1	68.4
第9名	new	Pull & Bear	中国	72.0	71.0	71.0	73.5
第10名	−8	H & M	瑞典	71.1	71.5	71.8	70.3
第11名	new	MJstyle	中国	70.6	74.2	69.7	69.6
第12名	−6	UR	法国	67.9	69.7	68.4	66.5
行业均值				78.1	77.5	79.9	76.5

注　①品牌上榜条件是未提示提及率≥7%，且评价样本数≥50；②得分基于100分制。

表2-5　Chnbrand 2022年中国顾客满意度指数^{SM}（C-CSI®)快时尚服装满意度排名细分指标

2022排名	排名变化	品牌	品牌发源地	C-CSI	C-CSI构成		
					客户忠诚度	总体满意度	要素满意度
第1名	+2	优衣库	日本	77.8	79.5	78.7	76.0
第2名	+4	ZARA	西班牙	77.1	79.9	79.0	73.7
第3名	+8	MJstyle	中国	76.8	76.6	78.1	75.6
第4名	+3	GAP	美国	76.6	78.0	75.4	77.0
第5名	+5	H & M	瑞典	76.4	73.8	79.8	74.4
第6名	new	衣之纯	中国	75.8	66.7	80.0	76.2
第7名	new	森马	中国	74.7	76.7	73.5	74.8
第8名	−3	唐狮	中国	73.8	76.7	69.8	76.2
第9名	+3	UR	法国	73.4	75.7	74.9	70.7
第10名	new	快鱼	中国	72.3	68.2	75.7	70.9
第11名	−7	热风	中国	71.0	74.2	72.0	68.5
第12名	new	无印良品	日本	66.1	62.4	67.5	66.6
行业均值				74.8	75.1	76.1	73.3

注　①品牌上榜条件是未提示提及率≥7%，且评价样本数≥50；②得分基于100分制。

（五）总结

通过对传统的期望—实绩模型与各国顾客满意度指数模型的文献研究结果归纳得出：

第一，累积性顾客满意的概念在以上四个模型中均被采用，为以后企业绩效及各行业测评消费者顾客满意度奠定了理论基础。

第二，以上模型中测量顾客满意度的变量既包含顾客直接对产品和服务做出的感性判断，也有与其他搜集的资料进行对比判定。刘新燕等在《构建新型顾客满意度指数模型——基于SCSB、ACSI、ECSI的分析》（2003）❶中指出顾客满意模型既遵循了目前主流的期望—实绩模型，还以预期为主要指标，吸收学术界的各种观点，将理想点视为一个参照准则，为所得的顾客满意度数据提供了支持。

第三，在ACSI、ECSI和C-CSI模型中，都含有产品质量的变量，而ECSI则包含了企业形象的变量。因为ECSI是从20世纪开始的，并且随着时代的变化、观念的变化、品牌意识的提高，学者和市场营销专家对企业形象研究也在逐步转向品牌。基于此，中国消费者满意度模型将品牌形象的变量引入并加以修改。

第四，本研究对顾客满意度进行了文献比较研究，结果表明，顾客感知价值与顾客满意之间存在着一定的差别，SCSB、ACSI和ECSI模型均认为，感知价值是引起顾客满意的原因。一些学者提出疑问，认为顾客满意与感知价值之间的因果联系是由顾客满意度引起的。因此，究竟是感知价值—顾客满意因果链还是顾客满意—感知价值因果链，这两者之间的关系还有待进一步研究。

第五，文献中一个非常重要的变量是顾客忠诚，而非品牌忠诚。品牌忠诚是广义的顾客忠诚，品牌忠诚以顾客的情感认知为结果，顾客忠诚以顾客的行为表现为主要结果变量，但两者的共同点都是顾客满意。顾客满意对品牌忠诚度而言是很重要的因素，但并非唯一因素。

第六，基于2020、2021年C-CSI研究结果表明，从"物质满意"到"精神满

---

❶ 刘新燕，刘雁妮，杨智，等. 构建新型顾客满意度指数模型——基于SCSB、ACSI、ECSI的分析 [J]. 南开管理评论，2003（6）：52-56.

意"是消费者需求的转变，体验需求升级，消费者倾向于在体验中融入更多由品质、愉悦、美好和健康带来的精神满足，并对此有持久消费意愿。品牌应主动认识到顾客的个人需要，并围绕其生活方式的场景进行设计和管理，通过提供高品质的产品和服务来帮助消费者塑造个人形象，与消费者建立亲密的品牌关系，为品牌建立强有力的竞争壁垒，从而使消费者从"浅层满意"转换为"极致满意"，并为高额的极致满意付出高额购买溢价。朱英赫（주영혁）在《多渠道购物和客户满意度：购物体验和客户—公司关系特征的作用》（2009）的研究中表明，顾客感知的购物体验促进了将多渠道战略转化为客户满意度。对于大多数品牌而言，并非每一种商品都具有高层次的客户体验，要将客户的体验和满足感结合起来并不是一项简单的工作。因此，消费者的消费体验如何转变为顾客满意度，还需要在很多的产品领域进行实证分析。

　　基于上述观点，本研究将在后续研究中对模型进行创新改造，建立适合定制服装品牌忠诚度的适用模型。

▌第六节　品牌忠诚的其他多维影响因素

　　本研究通过对前期文献梳理，选取品牌形象、品牌个性、感知质量、感知体验、顾客满意和感知价值这六个主要因素作为定制服装品牌忠诚的积极驱动因素展开研究，前面已经对等效式（2-1）的 A、B 变量（感知价值和顾客满意）做了详细解释，接下来分别对等效式中 a_1，a_2，a_3，$\cdots$ 和 b_1，b_2，b_3，$\cdots$ 即品牌形象、品牌个性、感知质量、感知体验的含义及其意义进行述评。

一、品牌形象

　　在前人的研究中，众多学者把品牌形象的概念从基本定义、意义、人格化的象征及心理和认知因素进行了阐述。加德纳和利维（Gardner，Levy，1955）从心理学和认知的视角，认为品牌形象是品牌要素在人的心理层面上的综合体现，是消费者对品牌名称、品牌标识、品牌定位、品牌理念等要素的理解、态度和情感构成。赫尔佐格（Herzog）在分析《分析消费者的行为科学概念》（1963）❶中把顾客对品牌的一般感知印象看作品牌形象。迪希特（Dichter）❷在《什么是形象？》（1985）中提出品牌形象是顾客对产品或服务总属性的认知和整体印象。诺特（Noth）❸在《商品语言基础的一种消费品符号学》（1988）中认为品牌形象指的是品牌和服务的象征性。索默斯（Sommers）在《产品象征主义与社会阶层感知》（1964）❹中认为顾客对产品符号属性的感知和识别即品牌形象。帕克（Park）等在《服装品牌在可持续性中的主动与被动：对品牌忠诚度的影响》（1986）中认为功能的、符号的或经验性的要素可以用来建立产品和服务的品牌形象，这是品牌经营的先决条件。多布尼和辛坎（Dobni，Zinkhan）在《品牌形象搜索：一个基础分析》（1990）❺中从象征性、品牌个性、心理认知、综合定义的角度进行强调并定义品牌形象。贝尔（Biel）在《品牌形象如何驱动品牌资产》（1993）中把品牌形象界定为消费者对品牌的联想，认为品牌形象是由企业形象、产品或服务形象和用户形象的联系表现出来的，并把它分为商品客观质量的硬属性和富有感情的软属性。例如，对特定品牌的好坏感受，或对品牌的信念，与产品相关的各种信息的间接因素相结合的心理。范秀成、陈洁（2002）认为，品牌形象是指消费者对品牌产品和服务的总体认识，并在一定程度上影响着消费者的购买行为与态度。多数研究者采用了综合定义的角度对其进行定义，但对品牌形象概念的研究，则依据研究行业、产品类别的不同，提出不同的研究内容。本研究对品牌形象的定义与贝尔（1993）相似，将通过定制服装品牌的公司形象、产品形象、使用者形象和服务形象对品牌形象进行研究。

❶ 赫尔佐格. 分析消费者的行为科学概念［J］. 营销与行为科学，1963，3（1）：76-86.

❷ 厄内斯特·迪希特. 什么是形象？［J］. 消费者营销杂志，1985（2）：75-81.

❸ 温弗里德·诺特. 商品语言基础的一种消费品符号学［J］. 营销研究，1988，4（3）：173-186.

❹ 索默斯·蒙特罗斯. 产品象征主义与社会阶层感知［C］//美国营销学会论文集，1964，22：200-216.

❺ 多布尼·黎明，辛坎·乔治. 品牌形象搜索：一个基础分析［J］. 北美进展，1990.

二、品牌个性

在同品类产品日益趋同、消费者独特性追求日渐增长、消费观念转变、消费方式越发感性化的营销环境下，打造一个独特的品牌形象，塑造鲜明的品牌个性已成为企业进行品牌沟通、区隔、与消费者沟通的决定性利器。艾克（Aaker，1996）认为品牌个性被视为一系列与特定品牌相关的人性特质，包括性别、年龄、职业等特征，以及温暖、多愁善感等性格特征，如伏特加被描述为酷且时髦的现代人，"维多利亚的秘密"内衣是性感的代名词等。凯勒（Keller）在《概念化、测量和管理基于客户的品牌资产》（1993）中提出"与产品有关的特性"倾向于使用户能够获得实际的功能，与产品特性相比，品牌个性反映了消费者对特定品牌的感觉，往往具有象征意义或自我表现的作用。詹尼佛·艾克（Jennifer Aaker）在《品牌个性维度》（1997）中将顾客所具有的品牌人格特性归结为品牌个性，界定品牌个性维度的数量和性质（真诚、兴奋、能力、成熟、坚韧），发展了品牌个性结构的理论框架，即将消费者消费行为中的"求认同"和"求独特"两个基本逻辑假设作为品牌个性的理论依据。以定制服装为例，即消费者希望自己所定制的品牌服装在颜色上能与自己的肤色相配，并能衬托得更好；在款式上能展示个性，或张扬，或沉稳；在面料上透气舒适、挺括性强、悬垂性好，能够将服装风格和着装者个性完整诠释的同时，使消费者与服装完美融合并张扬个性。尤其是消费者在购买服装品牌时，作为对服装的再创造者，消费者希望服装能充分展示个性，并将气质、形象与服装融为一体的同时，还能在特定的社会环境中独树一帜，消费者会因此对品牌形成强烈的品牌偏好。艾克（2001）的研究揭示了消费者与品牌个性"相似"或"互补"的关系，即消费者在选择服装品牌时，品牌风格要么和自己性格相同，从服装款式、面料、色彩搭配上和自己形象气质一致，达到情感一致；要么品牌风格和自己完全相反，如性格内向、不善言谈、肤色偏暗的消费者可能会选择明度和纯度都比较高的色彩，以及款式张扬、设计大胆的品牌来弥补自己的个性需求，这在要求创新的定制服装中表现得颇为明显。贝尔调查结果显示，拥有强大且鲜明的品牌性格的企业，其品牌的使用率和品牌的偏爱程度也较高。在上述研究基础上，中国学者对本土品牌个性开始探究。李胜兵、卢泰宏在《品牌个性维度的本土研究》（2003）**❶** 中分别从"仁、智、勇、乐"四个方面阐述了中国品牌个性的人格特征。阎子刚、汪秀琼在《基于消费者认同的品牌个性塑造》（2007）**❷** 中提出了与詹尼佛·艾克（Jennifer Aaker，1997）相同的品牌个性心理维度，品牌个性的形成是建立在消费者身份认同的基础上，而消费者对品牌人格的感知、识别和认同是其成功的关键。消费心理学认为，消费者的消费动机本就是追求个性和与众不同，这一点在服装品牌中尤为明显。元明顺在《品牌个性、消费者真实自我与品牌态度》（2010）中将服装、珠宝等商品列为高涉入情绪型商品，指出此类产品对消费者非常重要，消费者也非常重视并且在做出购买决策时非常注重自己的心理感受和自我表现。研究结果表明，在高度参与与深度体验的品牌中，会与真实自我一致的品牌产生品牌偏好。王鑫娟、古怡在《基于品牌个性理论的中国原创服装品牌研究》（2017）**❸** 中提出服饰品牌个性的建立要增加与消费者个性的匹配度，品牌要持续运营并挖掘顾客的生活需求和精神需求，并采用人格维度特征、生活方式、社会阶层等心理尺度来衡量。本研究的品牌个性是设计风格与消费者个性相似，能够满足消费者独特性和自我表达的要求。

三、感知质量

感知质量是对产品品质的一种评估和评判的方法。他把商品的感知质量看作一种个体的价值评判，它是由顾客根据自身或周围环境的需要，对有关品质特征的某些提示进行有意识或无意识分析后而做出的评价。泽瑟摩尔（Zeithaml，1988）认为，"感知质量"与反映产品真实质量的"客观质量"的区别在于，感知质量是一种以价格、质量和价值为基础的顾客对商品的主观评判，它是高于产品特定属性的一种更高级的抽象概念。安德森（Anderson，2006）认为，感知质量是一种直观的感

❶ 李胜兵，卢泰宏. 品牌个性维度的本土化研究［J］. 南开管理评论，2003，6（1）：4-9.
❷ 阎子刚，汪秀琼. 基于消费者认同的品牌个性塑造［J］. 商场现代化，2007（7）：120-121.
❸ 王鑫娟，古怡. 基于品牌个性理论的中国原创服装品牌研究［J］. 服饰导刊，2017，6（1）：16-20.

知、评价和判断，也就是消费者感知到的产品和服务的质量。在ECSI中把感知质量分为硬件和软件，硬件指的是产品的固有属性——质量，软件指与产品相关的各种服务、体验与购买此产品时带给消费者的情绪。因此，也有一部分学者把研究集中在服务质量的研究。格罗鲁斯（Gronroos）提出"感知服务质量"是"感觉到的服务品质"，它是指将顾客所期待的服务和所感受到的服务进行对比，要从技术、功能以及品牌形象三个方面来探讨。这是人的一个主观认知，即消费者通过技术质量获得服务和产品，通过解决功能质量得到产品和服务的手段。同时指出，服务的技术质量和功能质量的共同作用塑造了企业形象。也有部分学者认为顾客对服务质量感知是指顾客对其所接受的服务的心理期望。根据著名的SERVQUAL模型，服务品质由五个方面组成，即有形、可靠、响应、保障和移情。戈尔德（Golder）在《质量是什么？过程与状态的综合框架》（2012）中发现消费者在使用之后并不能得到真实体验。张京敏在《感知质量差异对双渠道竞争的影响》（2017）❶中认为消费者感知质量具有主观性、抽象性、相对性、局限性等特征。本研究将感知质量定义为消费者对产品和服务的客观质量优劣进行的主观评价。

四、感知体验

随着体验经济时代的到来，许多学者和营销专家都将顾客感知体验作为讨论对象。体验营销理论认为，顾客不仅关注产品性能，还关注购物过程中的感受或体验。尼尔森（Nelson）在《信息与消费者行为》（1976）❷中从经济学角度将商品划分为搜寻型产品和体验型产品，指出体验型产品是顾客根据一系列的感官体验（嗅觉、听觉、视觉、触觉等）方式来判断价值的产品，而一些高端的服装就属于此类，需要消费者经过慎重考虑，大量收集服装的材质、款式、色彩信息，与其他服装品牌进行比较评估并且着装体验满意后才能做出购买决定。而定制服装对服装的体验感受要求就更高了，定制服装可以满足消费者表达自己的意愿，向设计师提出设计要求，

❶ 张京敏. 感知质量差异对双渠道竞争的影响［J］. 商业经济研究，2017（5）.
❷ 尼尔森. 信息与消费者行为［J］. 政治经济学，1976，78（92）：311-329.

甚至将自己已经有的设计理念加入设计中，并且在定制试衣的过程中表达自己的试衣感受，和设计师一起协商如何修改。对于款式的宽松还是紧身也可以提出自己的偏好要求，且在定制的过程中消费者的潜能被激发，自我实现的成就感使其身心愉悦，体验价值倍增。1998年，派恩和吉尔摩（Pine，Gilmore）在《欢迎来到体验经济》❶中认为，体验是个人在情感、体力、智力甚至是心理上达到某种程度时所形成的一种美妙感觉。施密特（Schmitt，1999）认为各种各样的行业公司已经从传统的"功能和利益"营销转向为客户创造体验。他的《体验营销》一书将体验界定为：个人对活动的直接观测和投入，是对外界影响的一种内部回应。而在服务管理中，体验常常与"客户感知""真实瞬间""服务体验"等相关的观念紧密相连。体验具有感觉性、情感化、个性化等特点。派恩和吉尔摩（Pine，Gilmore）根据消费者的参与度和与环境的相关性将体验分为娱乐体验、教育体验、遁世体验、审美体验。这些体验是通过所谓的体验提供者来实现的，如交流、亲自参与设计与制作、个人作品展示等。体验营销的最终目标是将个人体验进行整合，创造整体体验。通过部分学者对消费者整体品牌体验对消费者心理需求满意度和品牌忠诚度影响的实证研究，得出消费者对品牌的感知体验是消费者与品牌之间形成强关联的重要决定因素。全吉九、柳韩珠（전길구，유한주）在《银行客户经验对客户忠诚度的影响》（2016）❷中指出"客户体验是客户在从公司或机构购买产品或接受服务时的感受的记忆"。莱蒙和韦尔霍夫（Lemon，Verhoef）在《基于客户体验视角的客户体验研究》（2016）❸中提出体验是指消费者在与企业的相互联系中产生的感知、情感、认知、关系和行为的反馈，它贯穿于企业与消费者互动的整个过程。营销从业者已经意识到，理解消费者如何体验品牌对于制定商品和服务的营销策略至关重要。本研究的感知体验是顾客通过参与定制的协同设计过程所产生的感觉、情感和行为感受。

---

❶ 约瑟夫·派恩，詹姆斯·吉尔摩. 欢迎来到体验经济［J］. 哈佛商业评论，1998，76：97-105.

❷ 全吉九，柳韩珠. 银行客户经验对客户忠诚度的影响［J］. 韩国质量管理学会学报，2016，44（2）：357-372.

❸ 莱蒙·凯瑟琳，彼得·韦尔霍夫. 基于客户体验视角的客户体验研究［J］. 营销，2016，80（6）：69-96.

本章基于对学者们的前期研究文献梳理，把品牌形象、品牌个性、感知质量、感知体验、顾客满意和感知价值这六类主要因素作为定制服装品牌忠诚的积极驱动因素开展研究。其中，根据本研究对各变量的研究定义及内容分别将品牌形象、品牌个性、感知质量及感知体验归类为品牌层面，将感知价值和顾客满意度归类为顾客层面两个层面进行研究。与之相对应的前面已经提到的对等效式（2-1）的 A，B 变量分别为感知价值和顾客满意，对等效式中 a_1，a_2，a_3，…和 b_1，b_2，b_3，…即品牌形象、品牌个性、感知质量和感知体验。这为相关研究假设的提出和研究模型的构建奠定了初步基础。

▌第七节　柔性化定制背景的相关研究

国家相关部门于2019年11月联合印发《关于推动先进制造业和现代服务业深度融合发展的实施意见》，在十大新业态和新模式中要求推广柔性化定制。即通过体验互动、在线设计等方式，增强定制设计能力，加强零件标准化、配件精细化、部件模块化管理，实现以用户为中心的定制和按需灵活生产。由此，本研究根据定制服装的特点将柔性化定制概括为个性化定制、柔性化生产或柔性制造。前面在对定制服装的文献分析中对个性化定制进行了详细的解释，该部分将对柔性化生产或柔性制造进行概述。

柔性制造系统（Flexible Manufacture System，FMS）是一种能够在较少的人工干涉下，实现任意系列产品的自动生产，此时系统的灵活性往往受限于系统设计时需要考虑系列产品的限制。三一集团"18号工厂"是全国第一家智能化制造示范基地，它的全套柔性制造系统包含用户需求、产品信息、设备信息和生产规划等信息，利用数字网络将这些信息连接在一起，形成最适合的生产方案和最优化的生产资源。"互联网+"极大地改变了企业的供应链，个性化定制和柔性生产正不断地渗透到各生产领域。经济发展的需要和市场的不断变化，使传统的服装定制模式逐渐转变为满足个性化需求的柔性生产是必然方向。

原有的成衣生产速度难以与客户的个性化要求相协调，常常是客户的个性化要求增加，而制造的速度就会变得缓慢，即没有满足客户的需求。不同的市场需求对生产线的要求也越来越高，并且定制服装成本高，且因其工序复杂与大规模生产的服装相比交货周期长，而工业化生产更注重效率和质量，要实现个性化，则需要灵活的生产，即柔性生产。闻力生在《服装企业智能制造的实践》（2019）中指出，服装的柔性化生产是指利用电脑数码控制的加工装置，实现多品种、小批量、高弹性的生产模式，在市场、技术支持、生产工艺三个层面上都是灵活的。刘海在《定制与大货服装柔性化生产的研究》（2020）❶中指出，柔性生产是指生产线既能生产定制服装又能兼顾大货服装，在大批量生产与大规模定制生产中寻找一个平衡点，在供需平衡的背景下充分发挥服装生产中的优势，从而实现企业经济效益最大化。贺宪亭在《数字技术驱动服装产业定制化转型》（2018）中认为，柔性化生产是灵活的制造效率可以在资讯与智能的推动下，既可以满足全球客户的快速反应，又可充分地运用高效工作时间，并较好地处理大货及个性化的制造方式。但姚维兵认为柔性生产的制造不代表完全没有标准，根据顾客需求进行定制是必然的方向，但不是无限制地，这与本文对定制服装概念的界定是一致的，即在标准化产品的基础上，通过线上定制、线下体验的方式，根据顾客自身需求，企业向顾客提供服装各部位的产品模块进行选择、组合搭配或者是根据顾客提供的款式、色彩和图案等信息进行定制的服装。同时，他也提出将柔性制造思想引进至生产的最前端，把柔性制造理念考虑到生产线或者设计产品的设计中，而不是在后期进行改装，从而达到降低成本、提高效率的目的。胡冬梅在《关于服装柔性化生产的思考》（2019）中也认为服装行业的柔性定制是有限的，以在服装中对合体度要求最高的"西装"为例，若对其进行定制，需要对全身进行准确测量，这就导致巨大的尺寸需求的改变和生产要求之间的巨大冲突。而且，一件西装需要经过约300个工序才能完成，很难实现每道工序的各个环节都与消费者实现互动，且仿真试穿还没有达到理想效果，无法实现100%的柔性生产。服装的柔性化生产是在生产能力变动中达到批量和定制的均衡，要在

❶ 刘海. 定制与大货服装柔性化生产的研究［J］. 纺织报告，2020，1（22）：52—53.

高效率、高质量、高顾客满意度和低廉的成本之间寻求平衡。因此，本文的柔性化定制尊重其观点，是相对有限的定制服装的柔性定制。

综上所述，要做到服装的柔性化定制，品牌要精准把握消费者需求，消费者除了关注定制服装的款式、面料、色彩等基本要素外，定制品牌的品牌形象、品牌个性、较强的顾客体验、低价格、短周期、售后问题及时解决等都是消费者综合考虑的因素，通过线上消费实体店体验的方式更大地满足顾客的个性化需求并提高顾客消费的满意度。除此以外，柔性化定制还要精确收集顾客信息并使数据标准化，将积累的客户定制信息采用数据建模的方式处理不同顾客的个性需求。例如，李维斯的客户可以从6种颜色、3种图案、5种裤型、多种款式的前襟中任意挑选，然后根据腰、臀、腿的尺寸来设计出750种款式，并根据自己的喜好，为自己量身定做的裤子命名。红领品牌服装定制中领型、袖型、扣型、袋型、袖衩的形状、驳头的形状、款式衣片的组合等组成款式设计丰富的数据库。管荣伟在《传统服装企业基于互联网的大规模个性化定制研究——以青岛红领集团为例》（2017）❶中指出"红领定制"前期使用3D智能测量仪精确测量人体数据，然后由大数据定制中心产生人体三维模型，与现有布片二维数据进行对比，从而达到服装定制所需要的材料消耗、裁剪、排料、生产工艺等数据标准化，同时实时更新数据库并结合顾客的形体差异，不断地优化组合方案以达到顾客的定制需求。

在此情境下，采用柔性定制、灵活生产的服装品牌，将会具备强大的竞争优势，使品牌以最大程度地满足消费者需求为最终目标，赢得消费者对品牌的忠诚度，从而使企业在市场上占有更大的份额，增加企业利润。

最后，综合概括本章内容：首先对定制服装、品牌的文献进行回顾，接着对影响品牌忠诚度的感知价值、顾客满意、品牌忠诚、感知形象、感知个性、感知体验及感知质量进行回顾，最后对柔性化定制研究的相关文献、政策以及与本研究相关的理论进行全面的回顾，为本研究带来了很多启示。上述理论及文献既是本文的理论基础，也是出发点。通过对国内外学者在品牌忠诚理论和实证研究的贡献基础上

柔性化定制趋势下定制服装品牌忠诚度驱动因素研究

---

❶ 管荣伟. 传统服装企业基于互联网的大规模个性化定制研究——以青岛红领集团为例［J］. 纺织导报，2017，4（6）：96-98.

进行进一步分析，虽然学者从不同视角、针对不同的研究对象研究了品牌忠诚度，并对影响品牌忠诚度的很多因素进行了研究，但在定制服装这一新兴领域，影响品牌忠诚度的各类因素没有得到较好的解释。虽然不同的消费者面对不同风格的品牌产品，品牌忠诚度的驱动因素会稍有差别，但在柔性化定制这一情境下消费者的重复购买及积极推荐意味着真正的品牌忠诚。在该过程中，顾客从寻找与自己社会地位、名誉、形象相符合的品牌到可以表达自己独特性的个性追求，再到顾客高度参与定制服装的设计、与设计师共同探讨、品牌按客户需求个性化定制，最后安排生产的整个过程，柔性贯穿了整个设计与制作过程并保证客户满意，进而实现品牌忠诚度。因此，本研究将在此背景下从两个方面进一步探讨定制服装品牌忠诚度的形成与发展：第一，确定个性化定制驱动下的定制服装品牌的忠诚度。此项研究旨在探讨此背景下消费者与品牌之间的联系，以及消费者心理与行为对服装购买决策的影响，并根据这些因素建立基本驱动模型以实证的方法进行检验。第二，分析各影响因素对品牌忠诚形成与发展的作用机制。通过深入探索这两方面的问题，理清各因素之间的因果关系，进一步探究定制服装品牌忠诚的形成机理。

在第二章中，本研究把与之相关的理论内容进行了概述，大致了解了定制服装品牌忠诚度的主要影响因素。本章将结合消费者心理学、消费者行为学的内容，重点讲解消费者选择进行定制服装前后的需求分析、信息收集、比较分析、决定购买定制，以及在定制前的多方面咨询、定制中享受的服务和体验，定制完成后对产品和服务的评价。顾客在进行定制服装各个阶段的体验和经历是否对满意度和价值、忠诚度产生影响，且影响的强度是否有所区别。要回答这些问题，需要对定制服装的消费者心理、购物行为等进行全面的认识和分析。

▍第一节　定制服装消费者的定制需求

在前文中提到柔性化定制即通过体验互动、在线设计等手段进行的产品标准化、模块化的设计管理，满足消费者差异化需求和个性化定制，且柔性化定制不是无限的柔性化，而是相对的，是消费者在标准化产品基础上，结合自己的个性与偏好，对设计师提供的定制服装的面料、款式、色彩、图案及配饰表达自己的观点及想法。柔性化定制服装是消费者高度参与服装产品设计、制作与监督的过程，在定制的过程中与设计师或制作商高度互动，使个性化定制的服装更能满足消费者的需要，提高顾客满意度，进而赢得顾客忠诚。

柔性化定制服装不同于传统的服装定制。在多数人的观念里服装定制通常认为是传统的量体裁衣，主要追求的是尺寸合身，在美学、功能与表达上没有过多要求。根据马斯洛的需求层次模型（图3-1）及兰姆和卡拉尔（Lamb，Kallal，1992）的消费者需求模型（图3-2），我们了解到服装定制的消费者在特定的时间受到某种外部因素或内部因素的驱动，根据自己的生活环境、个性、即将出席的场合和个人目标来设计产品，以符合社会规范并且使自己的社会角色被接受。

一、马斯洛需求层次模型

根据马斯洛的需求层次模型，我们了解到需求会引发消费动机，但是根据购买能力需求，总是先满足低层次的需求，随后慢慢过渡到高层次的需求。消费者想要一件便宜的衣服来遮寒保暖满足自己的生理需要；花样滑冰运动员想要定制一件舒适、不伤皮肤、耐用、装饰布局合理、结构合理的比赛服装以确保在比赛时可以全方位运动；在商业大楼里结束一天工作的白领参加晚上的朋友聚会需要的是时尚的服饰，既有符合当下流行趋势的元素，又与自己气质相一致，以满足社交需求；在顾客购买能力和社会地位提高的情况下，为了使自己的着装与品位、身份相协调，顾客会选择穿着品牌服装来表达自己，以求与自己的生活方式、社交圈相融合并在与环境互动的过程中赢得别人尊重。在自我实现需求阶段，消费者会选择定制服饰。这里的定制服饰不仅指大众所认为的高级定制、奢侈品服饰等服装，还指本研究中所指的在标准化产品基础上，根据顾客自身需求，品牌定制企业向顾客提供服装各部位的产品模块进行选择、组合搭配或者是根据顾客提供的款式、色彩和图案等信息进行定制的服装。这些定制服装以顾客的意志为转移，企业根据消费者的偏好进行设计并制作，消费者通过定制参与协同设计，从与服装设计师、板师的沟通中直接参与服装生产获得创造性的乐趣并获得真实体验；从服装设计上体现自己个性与品牌风格相一致，顾客的潜在能力被挖掘，自我形象趋于完美且在自我实现创造性的同时感到心情更愉悦，并对品牌产生情感共鸣。从马斯洛需求层次模型与服装相对应的解释中，我们可以看到定制服装品牌为顾客提供最优质的服务和最优的用户体验，消费者在自我实现需求得到满足的同时对企业的产品和服务更加满意。

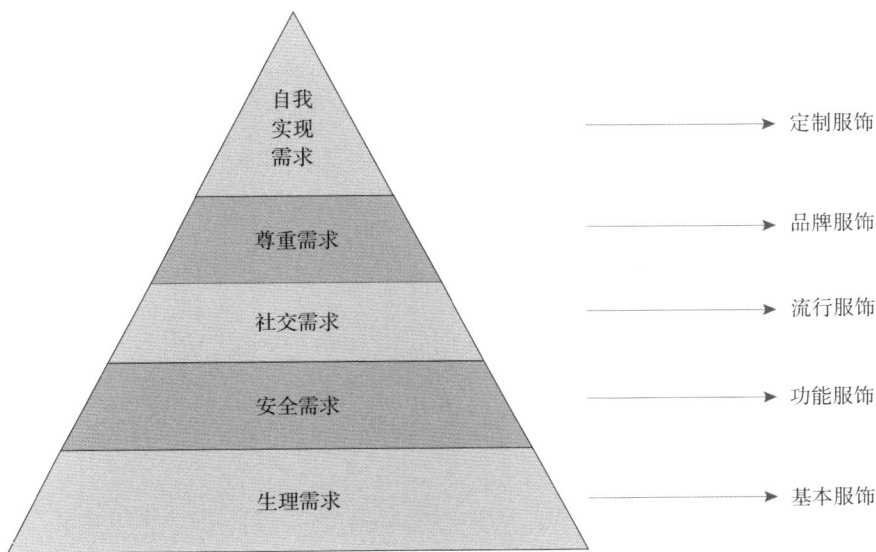

图3-1　马斯洛需求理论与服装的层次对应

来源：董占勋，李亚.服饰高级定制的情感化设计新模式［J］.纺织学报，2015，36（12）：152-157.

二、FEA消费者需求模型

从图3-2中可以看出功能、表达和美学三个功能之间的相互关系并非相互排斥，而是针对不同的目标消费者以不同的方式相互联系。在图的最中央也是最核心的部分——消费者，设计师在进行设计之前，首先要对目标消费者的需求进行分析，了解消费者的基本信息，包含性别、年龄、职业、性格、偏好等在内的人口统计信息。之后，方便设计师对消费者进行基础分类。接下来，我们在图中可以看到围绕目标顾客的是文化。文化被认为是影响消费者购买行为的重要影响因素，且文化的体现形式通常按照价值观、兴趣、行为方式进行社会分层，不同的社会阶层对产品和品牌偏好是不同的。由于文化在服装预期使用者对服装的需求与欲望之间扮演着中介或者是过滤器的作用，它影响着目标顾客在接受设计问题时可接受选择的程度。因此，在定义定制服装顾客的需求时，还需要考虑文化差异。

兰姆和卡拉尔（Lamb，Kallal）试图用消费者需求模型FEA（自我表达、功能及美学）概念化消费者对服装产品有特殊需求的欲望，该模型被用于服装设计研究的框架，也被用作评价不同服装定制需求的研究框架。定制服装使消费者能够设计

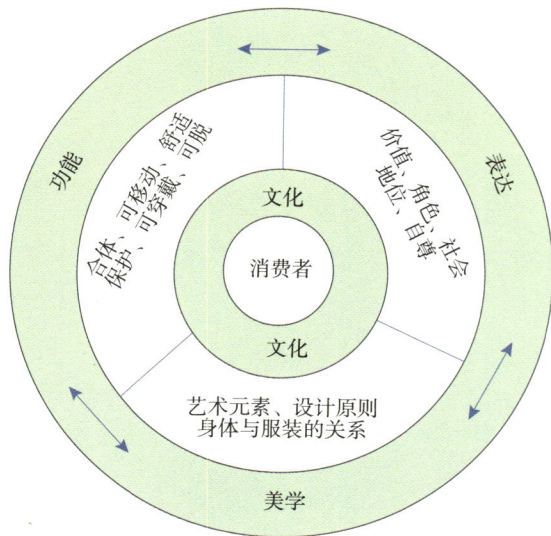

图3-2　FEA消费者需求模型

来源：兰姆，卡拉尔. 服装设计的概念框架［J］. 服装和纺织品研究杂志，1992，10（2）：42–47.

出具有独特性、区别于标准化成衣产品，并且在服装设计、面料选择、图案绘制、服装贴合、舒适性等方面符合个人需求的产品。兰姆和卡拉尔的研究也表明各行各业的定制服装消费者对服装产品的需求融合了功能、自我表达、美学三个元素。通常那些在市场上因为体型较大或因比例的差异得不到满足或需求的消费者，以及那些身体畸形或者是非标准体型的消费者，他们无法在品牌店或者市场上找到适合自己的服装，甚至一个标准体型的人也可能会因为身体某些部位的差异或者是品牌不同而难以找到一件非常合体的衣服。因为不同品牌的服装尺寸不同，如优衣库和ZARA两个品牌：优衣库在建立之初就以休闲服装和内衣为主打，包揽各年龄层消费者的需求，又因为其服装对身体的束缚性小，尺寸偏大，被消费者认为是"大衣柜"，在卖场里消费者可以根据自己的需求搭配从里到外、从上到下的全部服装；ZARA是为职场人服务的，白领女性是其主要受众群体，ZARA的消费者对服饰风格的需求是能够展现她们的知性、美丽和自信，并且需要将自己对时尚潮流的敏锐感知传递给外界。消费者对设计元素、整体质量以及美学搭配都非常看重，试图通过着装之后向旁人传达信息来获得好感。因此，与优衣库相比，适度的贴身感是ZARA的着装特征。由此可以解释为什么同样是M码，优衣库的服装会比ZARA的服装尺码偏大。除了这两个品牌外，雅戈尔、红都、九牧王、劲霸、威可多等服装定制品牌用精湛的工艺、流行的款式、精确的尺寸为消费者打造了个性化的优质产品。这些品牌在2020年度客户满意度测评中均获得了全五星的满意结果。由此本研究认为消费者想获得一件面料悬垂挺括、风格高贵、款式优美、工艺精湛、穿着合体舒适、穿脱方便的服装的最好获取方式就是选择定制，但其价格要根据自身经济实力与所选择的品牌商业价值来决定。

也有学者认为定制也可能是指美学和表达自我概念的需求，企业通过向市场提供特殊的设计，允许消费者展示其个性、品位、价值和地位。服装在某种意义上向外界提供了一种识别身份的手段，也因为它而有助于社交圈内的沟通、解释。从某种程度上说，通过服装的选择，可以使一个人在各种社会场景中更易于被接受并适应不同的社会情况。消费者所选品牌多源自自我感觉评价、希望别人对自己的感觉评价，以及别人如何评价自己三种模式，但也有部分消费者会非常看重别人对自己的评价，因此在消费时会选择符合消费处境特点的品牌产品。表达性的因素又与定制服装产品的象征性、交际性有关。定制服装允许消费者根据自己的个性、生活方式、个人目标及消费处境来设计产品，以符合和抵制社会规范。

美学是"美的艺术哲学"，审美意识对审美对象的关系问题是其基本问题之一。美学的概念通常指产品外观形象和结构，但美学也可以与所有在主观层面上让感官愉悦的事物联系在一起，美学考虑涉及消费者对美的渴望。很多人想买一件高级定制的服装，但高级定制的服装堪比一件艺术品，只有少部分人有能力购买，所以大部分人会选择大众定制的方式来满足自己对服装产品的审美需求。在服装上如何运用线条、选择什么款式、色彩对比要强烈还是柔和、图案纹理要清晰还是透明、服装缝制是纯手工还是机器工艺等多方面叠加起来创造出令人愉悦满意的产品。消费者选择定制服装传达了着装者的个人品位和风格，定制服装产品不仅满足消费者追求美的基本需求，而且重新定义了消费者和服装之间的关系，最终和定制者的审美偏好和习惯相一致。消费者在选择定制服装时，不仅需要符合时尚潮流趋势，而且要具有一定的社会功能，实现自我形象的提升，通过服装审美符号来向外界传达身份、地位、自尊、价值取向等信息，来满足消费者个性化的审美符号消费需求。通过使用定制选项，设计师根据消费者个人需求、个人品位和喜好来设计产品的外观感觉，或者是消费者根据需求发挥潜力自己设计，设计师向消费者提出专业的分析意见，消费者根据个性决定接受还是不接受。另外，消费者通过定制可以自由选择衣服长短、廓型大小、身体暴露部位的程度等。

▌第二节　定制服装消费者的消费流程

定制服装消费者的消费流程指的是在内外部环境的刺激下，消费者产生购买动机，通过收集资讯、方案评估、准备定制并通过定制过程中的创意或体验来满足自我需要的过程，最后对定制服装产品的使用和服务进行评价。根据科特勒提出的消费者购买行为从刺激—反应模型开始，本研究中理解定制服装消费者行为的起点也是图 3-3 所示的刺激—反应模型。消费者首先受营销刺激和环境刺激的影响有购买定制服装的意识，接着消费者心中会产生反映自己消费特征的各个标准与之相匹配，从而导致顾客购买的决策过程和做出决定购买的结果。

常言道："女人的衣橱里永远少一件衣服"。在时尚、潮流变化的速度远超想象的今天，女性对衣服的追求是无止境的，任何时候对衣服都不满足，总差一件合适的，而且每个季节的开始总会没有衣服穿。由此看出，对服装的追求早已超越生理需要，跨越到心理需要的范畴了，她们渴望被认同、受尊重和有归属感。有了心理需要，再加上外界环境刺激的影响，她们开始收集信息、组织并解释来自不同类型的信息，从而找出对自己有利的信息。尤其是与自己当前需要相符合的信息、期待的信息，以及与其他信息差别较大的信息。消费者学习信息并加以辨别，最终选择出自己需要的服装品牌信息。但是消费者对服装品牌信息的反应不全是理性的，有的时候是很情绪化的，会被唤起不同的感受。品牌与消费者之间的情感共鸣会让消费者觉得选择这个品牌会很自信、阳光、骄傲。品牌的情感故事会让消费者感同身受，与消费者建立另一种情感联系，如 PRADA 旗下品牌 Miu miu 尼龙包产品系列设计源自一个浪漫、凄美的爱情故事，这个充满情感的品牌故事触发了消费者想要知道这个故事的渴望，通过消费者的口口相传、网络分享转载，使更多的消费者参与到品牌故事中，从而对品牌有了记忆，并对品牌开始产生联想。故事、品牌、信息三方面连接在一起影响消费者的购买行为。

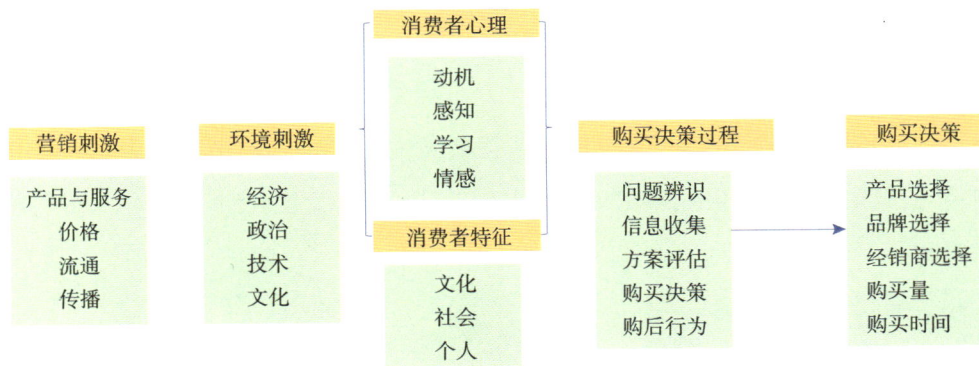

图 3-3　刺激—反应模型

来源：菲利普·科特勒，凯文·兰妮·凯勒. 营销管理［M］. 何佳讯，于洪彦，牛永革，等译. 上海：格致出版社，2020.

一、定制服装消费者的购买决策流程模型

上文通过消费者刺激—反映模型简要概括了消费者定制服装时的心理活动。接下来我们将通过消费者购买过程的五阶段模型（图3-4），结合定制服装的特点，从问题辨识、信息搜寻辨识、方案评估、购买决策和购后行为五个阶段阐述定制服装消费者从准备定制到最后购买定制服装并对整个定制过程进行评价，进而更好地理解消费者情绪，从而将更多的顾客转化为忠诚顾客，赢得更多流量。有时候消费者购买定制服装可能不完全按照这五个阶段，由于他们经常定制服装，对各品牌有丰富的定制经验，因此可能会跳过信息搜寻和方案评估两个阶段，直接从需求到决定定制某品牌的服装。但这不能说明该模型有问题或者有缺陷，该模型考虑的是消费者第一次选择定制服装，高度参与购买定制服装的体验与行为过程中可能考虑到的所有因素。因此，该模型概括的是大多数消费者在第一次选择定制购买服装时都会经历的五个阶段。

（一）问题辨识

消费者定制服装由内外部刺激激发引起，从而使消费者感受到自己需要定制服装或者是有这种服务需求或是解决方案。内部刺激是消费者因为换季、服装过时不想穿了、看了新的服装发布会感知到新的潮流趋势等原因认为自己该购买新的服装。这些想法不断地在消费者心里萌生发芽，上升到临界点时就会成为购买行为的内驱力，促使消费者产生购买行为。外部刺激也会刺激需求，消费者可能会因同事、朋友新定制了一件羊绒大衣或旗袍而心生羡慕，也可能会在媒体上看到某品牌新发布的春季新品服装而产生购买欲望，还可能受当时社会环境的影响（如汉服的时兴），或者是某种必备条件的需要，为了达成目的而产生购买欲望。因此，营销人员需要大量搜集顾客信息来辨识引发消费者购买定制服装的影响因素，从而制定

图3-4　消费者购买过程的五阶段模型

来源：菲利普·科特勒，凯文·兰妮·凯勒. 营销管理［M］. 何佳讯，于洪彦，牛永革，等译. 上海：格致出版社，2020.

相应的营销策略。品牌或者是企业可以汇集搜集来的信息建立数据库，利用数据来获得消费者需求的具体信息，为消费者提供满足需求和愿望的产品与服务。同时，品牌和企业要深挖消费者定制服装的痛点，了解其要解决的具体问题，为消费者创造惊喜，优化产品和服务。某服装品牌以职场服装设计为主，其品牌理念是让所有女性穿衣省时省力，其最有特色的服务便是用户在拿到定制服装后可以自由选择专门服务自己的造型师和搭配师，这一服务解决了女性消费者选择搭配困难的痛点。另外，该品牌还推出了免费的数字期刊服务，从穿着搭配、色彩搭配、面料洗涤知识、衣橱建议到职场交往技巧、成功女性访谈，对女性的生活、工作以及事业发展给予帮助。

（二）信息搜寻

定制服装消费者在内驱力的影响下，消费需求得到激发。接下来消费者就会对定制服装的各种信息进行搜寻。首先收集各服装定制品牌的信息，对各品牌的目标群体定位、品牌形象、品牌风格等信息进行比较，并且了解各品牌实体店所在位置或是否开通在线沟通与定制平台，能最大限度地减少货币和时间成本。掌握这些基本信息之后，消费者为了能定制到满意的服装，对每个品牌产品的款式、色彩、面料质量、工艺水平等元素进行推敲比较，向身边定制过服装的亲朋好友咨询，去官方网站查看顾客的回馈信息，到实体店观察客流量对服装的反映等，再三比较后做出购买定制服装的决定。以上都是消费者个人在为定制进行信息搜寻的具体做法。因此，品牌可以采用多方式、多渠道对品牌进行宣传以触达客户，以快速提高品牌的社会影响力及产品的商业转化。像经销商、包装、服装发布会等商业来源提供的信息，还有大众媒体、社交媒体的公共来源等都会给消费者提供大量信息来源。以上的信息来源在消费者做出购买决定的过程中，因为购买者的不同所起的作用也不同。消费者即使从大众媒体和商业媒体中获得信息，也会根据身边朋友的意见或者是个人经验做出购买决定。在做出决定的过程中，有的消费者更看重价格，有的消费者更看重质量，还有的更看重品牌。因此，品牌公司应该根据消费者特点制定相应战略让品牌走进消费者心中。在数字化快速发展的今天，线上、线下双向渠道的积极融合也让更多消费者注意到品牌的存在，环保运动鞋品牌Allbirds在全球营销战略中，采用线上销售的同时，积极拓展线下渠道。线下门店弥补消费者只能看到数字产品的缺憾，并且为品牌和消费者的直接对话搭建了场景，且品牌门店的风格设计也与品牌环保的品牌理念相得益彰。运动品牌李宁的城市定制店也于2022年在北京西单启幕，将运动基因融入城市文化，从消费者需求出发，围绕产品、运动、购买等多维体验来提高顾客的体验价值，为顾客带来全新面孔与前沿视角，这也是品牌新零售体验升级的表现。快时尚品牌ZARA也于2022年8月4日在上海开设巨型门店，整合线上、线下模式，方便消费者根据自己需求进行选择，另外，店内设有数字化试衣间，可对消费者的试衣数量及试衣间使用情况进行自动感应，以使顾客的试衣体验更加便捷。不论是Allbirds、李宁还是ZARA，三个品牌调整营销战略皆从消费者需求的角度出发，方便各种购物信息快速到达消费者，给消费者提供方便快捷的购物体验，同时可以让消费者在众多品牌中快速找到自己。

（三）方案评估

消费者把收集来的信息根据自己内心的权重分配进行对比、评价并作出最后的价值判断。那么，消费者如何评估各定制服装品牌的信息并做出购买决定的呢？评估过程因人而异，购买者的成长环境、收入水平、文化因素、价值观等因素会导致观点不同，各元素权重分配也因此不同，但大致包含了价格是否有竞争力、客户评论是否有差评、产品的优势明显与否、付款方式是否有多重选择、运输配送时间是否合理。这些是最容易让消费者犹豫的。所以，要使消费者有"非你不可"的感觉，就必须在品牌和产品上有独特的竞争优势。我国的快时尚巨头SHEIN不但有"上新快、款式多、低价"的优势，并且有一个很宽松的退换条款，可以在45天内退货，第一次免费邮寄，而且会在网站上标注出这样的退换规则。目前，最流行的期望—价值模型认为消费者最后做出的购买决定是基于理性分析基础上完成的。消费者选择定制服装的目的首先是满足自己内心的某种需要，在各品牌给定的几种解决方案中，消费者将其视为各种组合，可以为其带来不同的效果，并在此基础上对产品的各种属性进行组合，从而选择能够最大限度满足自己需求的产品。

我们假设安娜要去参加一个私人晚宴，需要定制一件晚礼服，通过收集资讯对信息分析后最后锁定了五个品牌（A、B、C、D、E）。然后安娜在服装的属性要求中更看重品牌形象、品牌个性、产品质量（面料、款式、色彩、工艺）、定制体验、产品价格。表3-1给出了她对每个品牌属性信念的评分，如果某定制品牌在所有属性上都优于其他定制品牌，我们可以很快断定安娜会选择哪一个品牌。但是，每个品牌优势是不同的，对安娜的吸引力也各不相同。

表3-1　安娜关于定制服装的属性信念评分

定制服装	属性				
	品牌形象	品牌个性	产品质量	定制体验	产品价格
A	9	8	9	7	9
B	6	7	8	7	7
C	9	7	10	5	3
D	5	8	9	6	6
E	8	6	7	6	8

注　各属性评分区间为0~10，10代表对该属性水平非常高；价格则相反，10代表物有所值的程度非常高。

根据安娜对各属性的信念得分，再根据安娜给各属性的权重分配得分：品牌形象重要性分配权重为15%，品牌个性为15%，产品质量为30%，定制体验为20%，产品价格为20%。在此基础上，通过对各品牌的品牌属性信念进行加权计算，得出各品牌的品牌感知价值。计算结果如下：

A品牌服装 $=0.15 \times 9+0.15 \times 8+0.3 \times 9+0.2 \times 7+0.2 \times 9=8.45$

B品牌服装 $=0.15 \times 6+0.15 \times 7+0.3 \times 8+0.2 \times 7+0.2 \times 7=7.15$

C品牌服装 $=0.15 \times 9+0.15 \times 7+0.3 \times 10+0.2 \times 5+0.2 \times 3=7.0$

D品牌服装 $=0.15 \times 5+0.15 \times 8+0.3 \times 9+0.2 \times 6+0.2 \times 6=7.05$

E品牌服装 $=0.15 \times 8+0.15 \times 6+0.3 \times 7+0.2 \times 6+0.2 \times 8=7.0$

根据计算结果，通常情况下可以预测安娜会选择A品牌的服装进行定制，因为其感知价值最高。那么以此类推，品牌可以把其他消费者的偏好信息进行统计，找出其同质性和异质性需求，根据消费者偏好信息调整营销策略来提高消费者对其他品牌的感知价值。但是，消费者一定会选择感知价值得分高的品牌吗？

（四）购买决策

消费者在对各品牌定制服装的价值比较之后，会对价值最高的品牌定制形成偏好并可能产生购买意图。为什么说是可能呢？因为根据期望—价值模型，品牌产品最后提供了超出消费者期望的价值，所以消费者满意。也就是说，消费者内心已经对品牌定制服装设定一个可接受标准，只要各属性达到这个可接受标准，都可以被列为被购买的对象。或者消费者非常看重某一属性，这个属性在哪个品牌中所占比重最高，就选哪个品牌。例如，安娜非常看重产品质量，那么安娜有可能会选择C品牌进行定制服装。除此之外，消费者做出购买决策也经常会受到他人态度和一些情境因素的干扰。例如，安娜和闺蜜一起逛街买衣服，当闺蜜看中了一件羊绒大衣，试穿给安娜看，安娜会根据自己对服装的要求品评一番，如果安娜也刚好喜欢，闺蜜会觉得自己的眼光和审美得到了他人的支持和肯定，很果断地购买。但如果安娜对这件羊绒大衣持不欣赏、不支持的观点，闺蜜很容易放弃这件衣服，尤其是如果闺蜜非常在意别人对自己的看法，那就很容易改变态度。有时店员的态度也会影响购买结果，消费者对亲和力强、服务热情的店员有时会免疫力低，很容易被推销购买，缺乏工作热情、态度冷淡的店员极易打击消费者积极性，削弱消费者的购买欲望。消费者在做出购买决定之后往往还会受到多种感知风险的影响，如果产品达不到自己的预期或者面料的亲肤性不强，再或者性价比不高等风险的严重程度和不确定性程度都会影响消费者最后做出购买决策。另外，许多消费者在购物时会犹豫不决，所以商家要指导顾客下单促进顾客做出决定，或者让顾客下单购物的过程更加快捷、方便。随着数字化营销手段的发展，许多品牌都会通过"直播购物更有折扣"来推动用户的转变，从而加快用户的购买速度，或者使用更加便捷的购物体验，不需要下载应用程序就可以轻松快速地完成。创立于2020年的家居品牌Newme，在年初就已经获得了数百万的投资，其业务主要面向欧美通过TikTok平台获取客源。通过TikTok的短片广告和现场直播，让顾客在TikTok商店或者单独的网站上轻松愉快地订购，使其购物方式更加简单。很多服装品牌利用积分的方式，鼓励顾客在为所购买的服装评分时附上照片和尺寸（图3-5），这样可以让顾客更好地判断服装的大小，既能减少退货的概率，又能提高顾客的购买速度。

因此，营销人员必须了解影响消费者做出购买决策的各种影响因素及感知到的风险因素，为消费者提供恰当的产品信息和周到的服务，以提高顾客满意度，降低顾客感知风险，增加成交额。

d**g 💎3
2个月前评价

已购商品：颜色分类：紫色　尺码：38
面料材质：**轻薄透气，很舒服**
款式设计：**颜色特别好看，显档次！设计是休闲的，腰身处的松紧显瘦，裙子长度页刚刚好**
尺码感受：**167cm，55公斤，38码刚好合适**

l**j 💎5
18天前评价

已购商品：颜色分类：浅咖啡　尺码：0S[推荐95-100斤]
我的身高体重：**165.100**
柔软顺滑的桑蚕丝面料
渐变定位的花纹设计
太好看啦~

小**么 🎖1
5个月前评价

已购商品：颜色分类：天蓝色　尺码：36
裙子印花大气高级，面料舒适有质感，好有春天的气息~
身高166、96斤给大家做参考

图3-5　消费者评价图例

来源：淘宝网、唯品会 APP 品牌——玛克斯·麦拉（Max Mara）、菲诺格诺（Farrograno）

（五）购后行为

消费者在做出购买决定后，选择购买该定制服装。购买以后，会对其进行评估、反馈并分享给朋友，因此品牌和企业要积极地引导顾客进行评价，以期顾客的长期价值稳步实现。但是在穿着的过程中可能会遇到某些问题影响心情，如选择购买某品牌定制服装后又听说另外一家品牌的优势，且性价比更高，消费者可能会感觉内心不平衡。再或者在穿着的过程中洗涤一次后发现面料缩水、色牢度不高，甚至是面料和里料的洗涤方式不一样，导致该定制服装成为一次性服装。此时消费者内心对产品的感知价值急剧下降，内心非常失望，导致不满意程度提高。但如果定制服装后，该服装风格与自己的个人气质非常协调，款式、色彩比以往的服装都更能衬托个人气质，面料非常舒适、有质感，遇到一点小问题，品牌商也很愉快地解决，此时消费者对该品牌的产品和服务非常满意，购后对该定制服装的评价非常好，超出期望值，满意度提高。接着根据不同的结果随之带来一系列口碑效应也是不相同的，对产品和服务不满意的消费者会产生抱怨，要求退货并赔偿或者以后不会再购买。对产品和服务非常满意的消费者，成为品牌的忠诚顾客，不仅会口口相传给身边的亲朋好友，而且会继续从该品牌进行定制服装选购。即使产品和服务涨价，消费者也依然愿意为此买单。由此可以看出，品牌和企业要做好顾客购后的售后服务，当消费者因为对产品或服务感到不满意时要积极地采取措施，最大限度地减少顾客抱怨，甚至用更多的行动和物质赔偿降低消费者的金钱和精神损失，维护品牌形象不受侵害。对经营者来讲，良好的品牌形象，消费者对产品和服务的满意程度对企业保持稳定长期的利润增长是非常重要的。阿什曼和所罗门（Ashman & Solomon）等在《基于参与式的数字文化消费决策研究》中提出了与消费者行为的五阶段模型相似的模型，但是他认为购后行为既是本次交易的结束，也是下次交易的开始（图3-6），不能将其认定为是个闭环。

通过对上述定制服装购买决策过程的五个阶段的分析，结合马斯洛需求层次理论及FEA消费者需求模型。我们了解到在进行定制服装购买的过程中，我们要了解什么样的消费者购买产品和服务以及这类消费者在购买产品和服务的过程中更看重的是什么？这个问题马斯洛需求层次模型中已经做了详细解释，这里不再赘述。消费者为什么选择这个品牌来定制？这个问题FEA消费者需求模型已给我们做出解释，

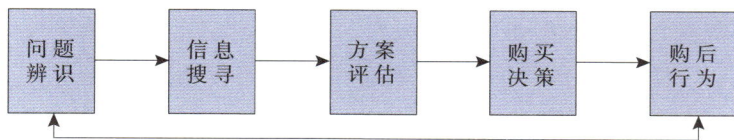

图 3-6　消费者购买行为五阶段模型

来源：瑞秋·阿什曼，迈克尔·所罗门，茉莉亚·沃尔尼.基于参与式的数字文化消费决策研究［J］.顾客行为学报，2015，14（2）：127-146.

因为它满足了消费者在功能、美学和个性上的需求。消费者在购买后如何感知产品和服务，怎么表达，以及对品牌的态度如何？这个问题五阶段模型给了我们解答，大部分消费者会进行心理比较、方案评估，最终会选择总体感知价值比较高的产品，或者会选择他最看重的属性得分最高的产品，再或者会选择每个属性的最低标准都达到的产品。同时在五阶段模型中我们要弄清楚最后是哪些因素影响了消费者的购买决策，这是我们要重点解决的。在购后行为中，企业和品牌对顾客抱怨的处理直接影响品牌形象，进而影响消费者感知价值和顾客满意，最后可能直接导致顾客对品牌忠诚度的影响，因此本研究把品牌形象作为衡量顾客品牌忠诚的一个重要变量。而且在对五阶段模型进行分析的过程中列举的案例都有一个共同点，即都是DTC（direct to consumer）品牌。DTC是以顾客需求为中心，以满足顾客需要的产品和服务为目标，通过网络，利用在线支付、电商平台和数字技术的发展，直接与消费者进行设计、生产、销售和反馈，从而赢得顾客，达到可持续发展的目的。根据五阶段模型可知，以顾客为中心的品牌，会成为顾客作出购买定制决定的首选。所以，服装企业必须持续改善其产品与服务并持续创新，以为消费者提供更好的高附加值的产品与服务。

二、定制服装消费者的定制流程

本研究考虑柔性化定制趋势下定制服装的流程，即消费者通过在线设计、与设计师体验互动的方式，或者在标准设计的基础上改变零部件造型，或者是消费者自己提出设计想法，根据设计师的专业指导进行设计。

通过前面的五阶段模型，可以了解到消费者在进行定制服装之前，通过网络、媒体、朋友推荐等各个渠道收集信息进行比较，最终确定自己想要定制的品牌。在品牌确定之后，接下来定制服装真正开始进入实操阶段（图3-7）。

首先进行的是量体。量体的方式有两种，一种是人工量体，另一种是3D测量仪。顾客可以要求品牌商上门测量（如果品牌商提供这项服务），或者是到品牌实体店、线下体验店进行人工量体，也可以在体验店选择数字化扫描设备扫描获得定制所需要的数据。手工量体可以获得消费者体型和姿势不同时的人体测量数据，但劳动力成本较高、测量速度慢。数字化设备测量速度快，但是在识别消费者活动姿势、体型时，难以获得与手工测量完全一致的数据，但是数字化扫描设备能够提供一个针对具体消费者的虚拟3D服装设计模型。除此之外，量体师傅或者是设计师在取得顾客的基本数据之后，通常会与消费者再沟通，取得其个性化需求数据。

其次，在取得消费者所有数据之后，消费者和设计师就进入了共同创造的过程。以男士西装为例，对于以标准化产品为基础、改变零部件形状和大小的品牌定制，设计师向顾客展示品牌现在市场上畅销的款式、流行的款式还有基本款，消费者可以根据自己的偏好，在基本款的基础上，选择自己想要的领型、口袋形状、袖衩的

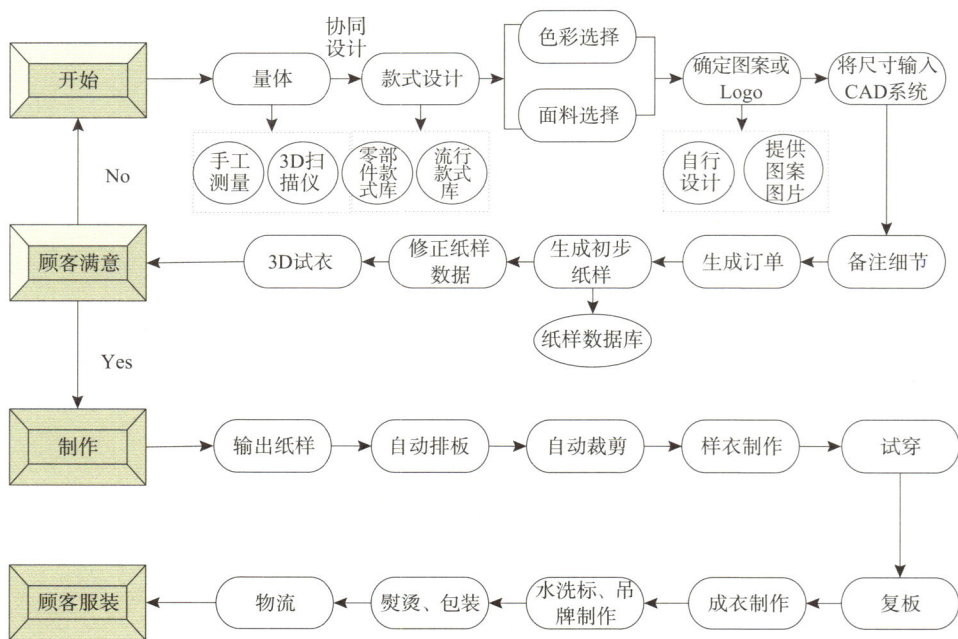

图3-7　定制服装顾客消费流程

长短、驳头的形状、裤腰的形式、面料的颜色与成分等（图3-8）。对于完全按照消费者需求定制的品牌商，消费者首先讲述自己喜欢的着装风格、想要定制什么样的服装、对色彩和面料的要求、是否需要配饰、是否需要定制特殊Logo，图案是自己设计还是提供图片以及将要穿着的场合及用途。设计师聆听消费者简单介绍的过程，也是了解消费者个性的时刻。通过谈话掌握消费者提出的要求后给出自己专业的建议，甚至为了让消费者看得更直观，可以根据消费者的讲述在虚拟3D模型上绘制服装草图，并通过Style3D或CLO软件根据消费者的身体数据给出多种方案简单试衣，让消费者更直观地感受并最终确定设计方案。

再次，确定服装定制的工艺。制作工艺不同，呈现的效果也大相径庭。选择纯手工还是机器生产要在生产前和消费者协商一致，因为人工成本较高。确定缝制方式后对于有印花工艺需求的产品，由于水浆、胶浆、油墨、手绘、植株等方式皆可以实现印花效果，且各有特点，所以适用面料和效果也不同，成本自然也有区别。这要和顾客确认，以免出现问题。对于有绣花要求的顾客，有手工、机器、电脑绣花三种手段，绣花的形式多种多样，如立体绣、贴布绣、雕绣、包梗绣、珠片绣等，这需要在进入下一环节前和顾客确认。

（a）西装款式设计

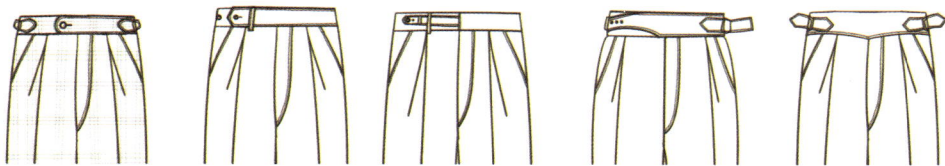

（b）西裤裤腰设计

图3-8 定制服装款式变化设计

其次，顾客的尺寸、款式、面料、色彩、装饰工艺都确认好以后，开始进入CAD系统。首先将客户的尺寸输入，做好备注，生成订单。接下来根据数据库中的板型，选出与消费者最相近的板型，在此基础上根据消费者的数据进行修改，形成初步纸样并将纸样在Style3D系统缝制向顾客展示其正面、侧面和背面着装效果。在此过程中还可以通过软件的齐色功能向顾客提供多种色彩、多种图案的设计方案，在与顾客再次交流确认款式不再改变后将其提交给制板总监修正，形成最终纸样，并将专属消费者的样板进行数字化保存。

最后，纸样确认后，根据采集的消费者数据，将虚拟面料、虚拟部件以及选择的装饰工艺放置在事先准备好的3D人体模型上。若此时服装有图案需求，图案通过供应链信息技术直接发送到制造商制作，按要求制作完毕发回给消费者看效果。若消费者同意该服装效果，即开始输出纸样，制作样衣，然后复板，最后做出成衣。若消费者不满意服装效果，则需要重新开始。

以上就是进行大众定制的五个主要步骤，在此过程中会根据服装款式和细节的不同略有区别。从中可以看到，大众定制服装品牌商也是尽可能地做到一人一板，每一件服装都是唯一的，消费者可以根据自己的需要决定是否在服装上标识品牌的符号，也可以在恰当的部位放置自己想要的Logo。而且，定制过程强调消费者与工作人员（包含量体师、设计师、板师、样衣师）线上面对面无缝交流，及时解决消费者的困扰，这样定制的服务价值才得以体现。定制体验服务过程也是定制过程中不可或缺的部分，消费者在体验设计的过程中使自己的潜力得以激发，对服装设计知识、色彩搭配知识、面料及洗涤知识在工作人员的指导下得到提升，随之认可定制的服务价值和体验价值。再加上消费者对质量过程的把控，顾客感知价值和顾客满意都得到提升，使其慢慢成为该品牌的常客，并积极地向身边的朋友推荐，与品牌商慢慢产生了黏性关系。

三、定制服装消费者在定制过程中的价值因素

定制服装是服装产业细分和消费者个性化理念深度发展的产物。由于定制服装能体现消费者自己独特的价值追求，有身份、地位等形象化的标签，还因为产品稀

少而赢得更多消费者的偏爱，解决过去品牌商或企业服装在采购过程中的盲点，增加企业和消费者之间的黏性。消费者首先提出自己的需求，企业或品牌根据消费者需求进行量体、设计、制板生产等过程。那么，消费者定制一件服装需要几个步骤，分几步走呢？在经济快速发展、资源整合、产业互通的今天，一对一的定制，显然不符合时代的要求。消费者需要一件符合自己个性的专属服装，而定制企业为了满足消费者的需求，尽快将产品交付消费者手中，定制品牌将供应链打通，将面辅料供应企业、服装生产企业、互联网平台、智能化系统等产业链资源共享，无缝对接，实现定制的柔性化生产。

在前面的内容介绍中，我们已经了解到在定制服装设计、生产的过程中，消费者与品牌商进行对话，以创造符合他们自身需要和偏好的产品和服务。有国外学者把定制订单分为对原始设计进行简单更改的产品和需要完全重新设计的产品。定制服装设计中，对原始设计进行更改就是在服装标准化产品设计的基础上，改变其领型、袖衩形状、图案、口袋形状等部位的设计，从而达到自己的需求；需要完全重新设计的产品指服装定制的协同定制，允许消费者在设计过程中参与指定他们理想产品的特性。消费者的设计自由度越大，产品越个性、制作过程越复杂，成本也随之增加。因此，为了降低成本和制造过程的复杂性，企业和品牌商为消费者提供了定制点定制，如按照服装供应链的生产工艺环节，从面料质地、色彩及图案、款式、尺寸、装饰性对服装进行定制点定制，但由此来看又回到了对原始设计的更改。由于传统的服装定制市场主要以手工量体、制板、寻找替代面料或白坯布进行假样、试衣并修改，过程复杂，成本高昂，多存在于高端市场。随着消费者需求的个性化、差异化高速增长，数字化智能化生产方式的变化，定制服装逐渐走向大众市场。因此，我们谈一下对标准化产品进行更改的定制服装流程。

本研究对30名准备定制品牌服装的消费者进行了访谈，访谈内容包含如何了解到这个服装定制品牌？为什么会选择这个品牌来定制服装？在品牌服装定制中，更看重哪些因素？选取部分消费者的回答内容列举如下。

"我是在网站上搜相关风格的服装时，系统给我推送的该品牌。所以浏览了网页，发现自己很喜欢该品牌的服装风格，觉得和自己很搭。在所有服装

相关因素里我很在意服装的面料和质感等质量问题。"（山东潍坊，女，46岁，教师）

"我是一名文艺工作者，在网站上了解到的这个品牌。之所以选择这个品牌，是因为我喜欢其品牌形象，很'正能量'，社会责任感也强，服装风格又是中式的，带有中国东方传统美学，这是我们现在应该追求的。我很看重产品质量，希望面料质地要好，不要掉色，能够与自身气质匹配。"（山东枣庄，女，31岁，文艺工作者）

这两位受访者认为自我表达因素和形象因素是进行定制服装重要的表达因素。同时，也非常看重服装的面料、色牢度等因素。消费者通过服装风格来选择可以展示他们个性、风格和价值观的款式、色彩和面料。品牌公司也允许消费者在他们感兴趣的地方发挥创造力，根据个人偏好调整领型大小和形状、口袋有无袋盖、袋盖的形状，以及服装的贴体度等。消费者非常喜欢此方式的定制。

"我是看广告了解的这个品牌A，当时海报商广告代言人是×××，我很喜欢她干练的气质，觉得该品牌能反映她的个性，我觉得我和×××的气质、个性差不多，所以选择该品牌定制试试。我很看重品牌个性，追求人、衣融为一体，也很看重在定制过程中的精神体验，希望定制过程中和设计师的沟通交流都很舒服，不喜欢板着脸或者是说话语气特别硬的设计师，当然也希望自己的某些想法和设计师不谋而合。"（山东泰安，女，40岁，机关工作人员）

"我非常'宅'，是朋友给我推荐的这个品牌A。这个品牌的服装定制非常合身，在定制的过程中，我可以充分表达我体型的缺陷，我属于上身偏瘦，但是臀胯部较宽的体型，平时买连衣裙上身合身下身就会瘦，下身合身上身就会肥，希望设计师能通过服装的款式设计进行弥补，每一次的定制都有惊艳到我，所以一直在这个品牌定制。"（江西九江，女，41岁，教师）

"我之前定制它的竞争品牌，但是总是听说A公司是最好的，因为我想做最好的，所以选择了这家品牌定制。在定制过程中，我非常看重服装质量、面料、工艺，还有衣服的舒适度。而且与竞争公司相比，A公司制作的服装整体贴合是优质的。"（山东潍坊，男，47岁，企业管理人员）

"我是经朋友推荐的品牌A，然后自己在网络上浏览了这个品牌的资料和网站，看了曾经购买过该品牌定制服装的消费者对产品和服务的评价，发现很少有抱怨的，大家满意度很高，所以来试试。我非常喜欢该品牌的定制服装，因为它给了我更多灵活自由的选择，虽然衣服是在标准化成衣的基础上对定制点选择定制，但该品牌考虑到顾客的偏好并对顾客提出的要求给予专业的指导，让我在定制过程中心情愉快，而且学到了一些专业的服装设计和面料知识，物有所值。"（山东济南，女，40岁，公司职员）

被采访的四位消费者通过广告和朋友推荐了解到品牌A，他们非常看重品牌质量，认为定制服装的面料选择、工艺质量、产品是否合体都是影响他们对产品满意度的一个重要因素。学者们的研究也证实了品牌质量是影响定制服装感知价值的最重要因素。当定制服装所用面料的质量和合体程度符合消费者预期时，消费者满意。除此之外，在服装定制过程中，从产品设计体验中获得的快乐、成就感和拥有自己设计产品的自豪感，虽不是影响服装整体价值的决定性因素，但他们认为参与服装设计并得到专业设计师的指导，进而学习到部分服装设计知识也是非常重要的。

当四位消费者被问到如果质量保证，但是价格也随之提高的时候，还会继续选择A品牌吗？他们的回答非常意外地一致，他们认为产品质量、非常舒心的定制体验及优质的售前、售后服务被认为是支付更高价格的合理因素。

"不在乎产品的价格，只想要最好的产品和服务。"（山东潍坊，男，47岁，企业管理人员）

"A品牌公司的溢价有可能会导致我选择其他品牌进行定制，但如果他们也同时提高更高品质的产品和超出价值的服务，我可能也不会转换品牌。"（山东泰安，女，40岁，机关工作人员）

"涨价是每个消费者都可能遇到的事情，如果原材料和劳动力都提高了价格，成本增加，那产品价格的上涨我们作为消费者只能接受，熟悉了这一个品牌，再转换其他品牌，和转换成本相比，还是接受涨价更划算。最重要的是，如果品牌因为产品涨价而升级了对消费者的服务和承诺，更是惊喜万分。"（江西九江，女，41岁，教师）

当他们被问及看重品牌产品质量、体验和服务三个因素让其选择A公司进行品牌定制时，品牌形象被提到是选择该品牌背后的动机因素。还有一位受访者提到，之所以选择这个品牌，是因为该品牌的价值观和自己很像，以及与品牌长期的合作关系还有与工作人员建立的友谊也是她选择该品牌定制的动机因素。此外，在与受访者交谈的过程中，从语言和表情中我们可以感受到品牌带给消费者身份象征的自豪感，这个研究内容在本研究中可以将其归类为品牌形象。

综上所述，通过对定制服装消费者相关的马斯洛需求层次模型、FEA消费者需求模型、消费者购买流程的五阶段模型以及对定制服装消费者定制过程中的感知价值因素的分析，了解到消费者在品牌服装定制过程中，品牌个性、品牌形象、产品质量以及在与设计师协同设计的过程中的顾客体验被认为是顾客感知价值及对产品和服务是否满意的重要因素。消费者也认为如果这些都满足的情况下，他们会再次购买并积极地推荐给别人。如果品牌商能够在提供超值的产品价值和服务价值的条件下涨价，消费者表示可以接受。在了解了定制服装的消费流程及影响因素之后，本研究的研究假设模型也慢慢浮出水面。

在前文中，本研究把定制服装顾客对品牌忠诚的积极驱动因素总结为品牌形象、品牌个性、顾客体验、感知质量、感知价值、顾客满意，并且通过对顾客满意和感知价值文献的梳理，明确顾客满意和感知价值是品牌忠诚度公式 $\{Y=F(A, B, \cdots), A=f(a_1, a_2, a_3\cdots, a_n), B=f(b_1, b_2, b_3, \cdots, b_n)\}$ 中的 A、B，对品牌忠诚度有直接的推动作用，品牌形象、品牌个性、感知体验、感知质量相当于 a_1，a_2，或 b_1，b_2 的变量。本研究在此基础上提出相关研究假设，建立定制服装顾客满意度、顾客感知价值与品牌忠诚的相关研究模型。

根据学者们的前期研究结果和本研究前三章的理论构建和分析，提出了我国定制服装感知价值、顾客满意度与品牌忠诚度之间的关系模型，对模型中的假设会在接下来的各节内容中给予详细论述。

根据对学者们文献研究可知，定制服装品牌的品牌形象、品牌个性、顾客体验、感知质量是影响顾客感知价值、顾客满意度和品牌忠诚度的重要因素。为此，提出以下理论研究假设。

▌第一节 研究假设与模型构建

一、顾客感知价值在各变量与品牌忠诚度的中介作用研究假设与模型构建

H1a：感知价值在品牌形象与品牌忠诚度之间起中介作用。

H1b：品牌形象直接影响感知价值。

品牌形象是由顾客对品牌公司形象、产品、服务、用户形象进行的一系列联想，并把品牌形象划分为硬属性（有形且具有功能）和软属性（品牌象征意义和认同感）两种类型。其中，软属性与消费者寻求与其他社会群体相一致的形象或者是消费者希望展现的社会形象的社会价值相一致，对感知价值有积极的影响作用。秦辉等人在《运动鞋品牌形象对感知—满意—忠诚关系的影响研究》（2011）❶中通过对运动鞋品牌形象与顾客满意—忠诚之间的关联度进行了实证研究，结果表明品牌形象对顾客的知觉价值有直接的影响，而且通过顾客的感知价值对品牌忠诚度有间接的影响。黄杰等人在《女大学生服装顾客感知价值影响因子研究》（2016）❷中通过调研女大学生对服装购买的态度和关心的问题，发现女大学生服装感知的关键因素是形象因素。除此之外，学者们在其他行业也做了相关研究，邱宏亮等人在《品牌形象与品牌忠诚——基于笔记本计算机行业的实证研究》（2013）中以笔记本电脑产业为例，发现企业形象对企业的价值有直接的影响。赵恩北在《零售品牌形象、感知价值与消费者惠顾行为关系探讨》（2019）对零售品牌形象的调查中，指出零售品牌形象与陈列

---

❶ 秦辉，邱宏亮，吴礼助. 运动鞋品牌形象对感知—满意—忠诚关系的影响研究［J］. 管理评论，2011，23（8）：93-102.

❷ 黄杰，何天虹. 女大学生服装顾客感知价值影响因子研究［J］. 丝绸，2016（5）：33-38.

形象对顾客感知价值有正面的影响，且感知价值在一定程度上调节了品牌形象对顾客的惠顾。唐曙鹏在《冰雪体育用品品牌形象对消费意愿的影响：基于双中介变量》（2021）中研究了冰雪体育用品品牌形象对消费者购买意向的影响，发现其对顾客的感知价值起到了积极的促进效果，且在品牌形象和消费者再购买意愿关系中起到了一定的中介作用。

H1c：感知价值直接影响品牌忠诚度。

杨志林（Yang Zhilin）等人在《顾客感知价值、满意度和忠诚度：转换成本的作用》（2004）中通过对在线服务用户进行的基于网络的调查结果显示，感知价值是公司争取顾客忠诚度应该关注的方面。另外，研究也证实，在线服务用户的感知价值对忠诚一定程度上起到了积极作用。最近的研究表明，相比较满意度，感知价值更能预测回购意愿。陈海亮等人的研究表明，感知价值越高，品牌忠诚度越高。戴雨仟和刘晓刚在《服装色彩感知价值对品牌忠诚的影响》（2022）中❶分析了服装色彩感知价值对品牌忠诚度的影响，研究结果表明，服装色彩感知价值正向影响品牌忠诚度，消费者对色彩的感知价值越高，品牌忠诚度相应地也会提高。

H2a：感知价值在品牌个性与品牌忠诚度之间起中介作用。

H2b：品牌个性直接影响感知价值。

品牌个性反映了消费者对特定品牌的感觉，往往具有象征性或自我表达的作用。象征性是定制服装允许消费者根据自己的个性、生活方式和个人目标来参与设计，以期在各种社会角色、场合被认为是可接受的。自我表达价值与反映自己形象的产品所带来的利益相对应，也是表达个人个性的产品。李惠宇在《品牌个性对品牌竞争力影响分析》（2011）中以百事可乐为例，在品牌个性对企业竞争力的影响中，提出了品牌个性能够为顾客提供附加的感知价值。陈海亮等人在《品牌个性、感知价值和品牌忠诚关系的实证研究》（2012）中以电子商品为研究对象，对品牌个性、感知价值和品牌忠诚度的关系进行了实证分析，结果显示，品牌个性对消费者感知价值的正向影响，感知价值又正向影响品牌忠诚度，品牌个性通过感知价值的中介效

---

❶ 戴雨仟，刘晓刚. 服装色彩感知价值对品牌忠诚的影响［J］. 纺织学报，2022（4）：147-152.

应间接地对品牌忠诚产生积极的影响。

H3a：感知价值在感知体验与品牌忠诚度之间起到了中介作用。

H3b：感知体验直接影响感知价值。

体验价值与服装定制过程中顾客的高度参与、消费者与设计师协同设计的互动有关。消费者在与设计师协同设计、体验设计的过程中可感知享乐价值和创造性价值。享乐价值是产品设计体验所带来的快乐和娱乐，定制产品的原创价值就是创造性价值，消费者根据公司提供的标准化产品结合自己的需求对定制服装的设计、款式、面料、色彩、装饰细节及图案选择自由表达自己的观点时，就产生了价值。费奥雷等（Fiore et al，2004）、施赖埃尔（Schreier，2006）和梅勒（Merle，2010）在不同的时间针对不同产品和服务确定了定制体验是感知价值的两种全球价值来源。比约克（Björk）在《我想要最好的：定制运动服的感知价值》（2019）中以小跑运动员定制服装为例，将产品价值的体验因素作为解释感知价值的重要组成部分。将品牌价值理解为感知质量、产品体验和支付意愿，并且品牌价值对定制服装产品的感知价值有影响。张若楠在《Schmidt体验维度、感知价值与顾客忠诚度——以服饰类电子商务为例》（2020）❶中运用服装电子商务的经验，实证分析体验维度对服装消费者购买品牌产品做出购物决定的影响，结果表明，体验维度、感知价值对企业的忠诚具有明显的作用，并且感知价值在体验维度和品牌忠诚度关系中起中介作用。除此以外，其他行业的学者对体验价值对顾客感知价值的影响也做了分析，张曦在《体验营销、感知价值与顾客忠诚度关系研究——基于休闲度假酒店的经验证据》（2016）中基于休闲度假酒店的经验，以体验营销、感知价值与客户忠诚关系为基础，通过对体验营销、感知价值与客户忠诚的相关分析，验证了体验营销对感知价值的影响，并且感知价值对消费者忠诚的影响是显著的。

H4a：感知价值在感知质量与品牌忠诚度之间起到了中介作用。

H4b：感知质量直接影响感知价值。

定制服装的质量可以通过使用色牢度比较好的面料、良好的工艺、高质量的针

柔性化定制趋势下定制服装品牌忠诚度驱动因素研究

---

❶ 张若楠. Schmidt体验维度、感知价值与顾客忠诚度——以服饰类电子商务为例［J］. 财富时代，2020（1）：177.

脚、耐穿以及品牌的服务来表达。泽瑟摩尔（Zeithaml，1988）、拉比尔（Lapierre，1999）等人的研究结果显示，感知质量直接影响顾客感知价值，进而影响消费者购买意愿。邹晓峰等人在《中外体育服装品牌消费者满意度影响因素及比较研究》（2014）中对中外运动服饰品牌顾客满意度的影响因子进行了对比分析，结果表明，顾客满意度与中国体育服装品牌的感知价值存在显著的正相关关系。姬婷和肯达夫（Ting Chi，Kilduff）在《休闲运动装消费者感知价值的实证研究》（2011）中对美国消费者关于休闲运动服市场的感知价值进行实证分析，结果显示，质量是影响消费者感知价值的次要价值，对感知价值的影响非常重要。李浩和朱伟明在《O2O服装定制品牌顾客感知价值的差异研究》（2015）中在顾客感知价值理论的基础上针对服装定制品牌线上、线下的定制情况以及消费者在线上、线下定制过程中遇到的实际问题进行了实证分析，发现解决服务的质量和深度是定制服装感知价值的重点，而定制服装的质量是重中之重。比约克以小跑运动员定制服装为例，将品牌价值理解为感知质量、产品体验和支付意愿，且品牌价值对定制服装产品的感知价值有影响。除此之外，高翔在《消费者感知质量对在线购买意愿的影响机理研究》（2019）❶中通过对顾客感知质量对消费者在线购物意愿的影响机理的研究发现，价值对顾客在线购物的产品质量和购买意愿有一定的中介作用。陈庆福（Chen Ching-Fu）等人在《遗产旅游者的体验质量、感知价值、满意度和行为意愿》（2010）中以文物旅游为研究对象，运用结构方程模型分析了体验质量对感知价值的直接影响，认为体验质量可以通过感知价值的中介效应来间接地影响行为意图。为了更清楚各变量之间的关系，结合上述研究假设，本研究提出了如图4-1所示的理论模型。

二、顾客满意度在各变量与品牌忠诚度的中介作用研究假设与模型构建

H5a：顾客满意度在品牌形象与品牌忠诚度之间起到了中介作用。

H5b：品牌形象正向影响顾客满意度。

---

❶ 高翔. 消费者感知质量对在线购买意愿的影响机理研究 [J]. 商业经济研究，2019（6）：73-76.

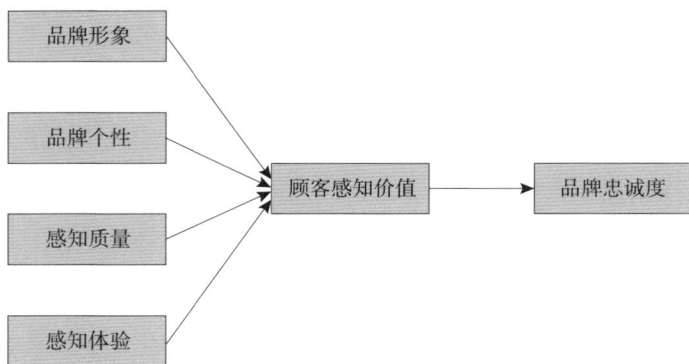

图4-1　感知价值与品牌忠诚度关系假设的研究模型

　　桑希尔德（Sunhilde）在《服装行业顾客满意度驱动因素研究》（2010）❶的研究中指出，客户满意度在纺织行业中的应用指出品牌形象是影响顾客满意度的关键因素。秦辉等人通过对运动鞋品牌形象与满意—忠诚的相关性进行了实证分析，结果表明，品牌形象对顾客的满意度有直接的影响，而通过顾客满意度的中介效应可以间接地影响顾客的忠诚。朱江晖等人通过分析服装品牌形象对品牌忠诚的作用机制，发现消费者对服装品牌形象的认识和品牌忠诚的关系有很大的影响。服装企业要提高自身的品牌形象，增加消费者对品牌的忠诚度。萨阿德（Saad）等人在《品牌形象与消费者愿意为女性缝纫服装支付溢价》（2017）的研究中用品牌形象来解释顾客是否愿意为定制服装支付溢价，结果显示，品牌形象越好，消费者对其支付溢价的抱怨越少。除此之外，马尔特森（Martensen）通过丹麦邮政的私人市场和业务市场进行顾客满意度测量，发现形象是满意度最重要的因素，且企业形象通过顾客满意间接作用于品牌忠诚。汤普森与厄兹坎（Türkyilmaz，Ozkan）通过对土耳其移动电话部门构建新的顾客满意度测量模型，运用结构方程分析得出形象对满意度有显著影响。

　　H5c：顾客满意度正向影响品牌忠诚度。

　　消费者通过定制服装获得自我需求和产品独特性的情感共鸣，同时获得象征自

---

❶ 桑希尔德. 服装行业顾客满意度驱动因素研究［J］. 管理与营销，2010（2）：334-342.

102 柔性化定制趋势下定制服装品牌忠诚度驱动因素研究

我身份的自豪和骄傲，享受设计过程的快乐体验，满足消费者的主观审美和具有独特性的设计作品，又因为设计作品的独一无二与新颖，消费者在参与定制的过程中也体验到了娱乐价值和创新价值，最终获得自身满意。许多研究表明，顾客满意度对品牌忠诚有积极的影响。金炳昊（Jin Byoungho）等人在《韩国男女消费者在服装品牌忠诚度形成过程中的差异：模型检验》（1999）❶中通过分析韩国男性与女性消费者在服装品牌忠诚形成过程中的差异，得出消费者满意度直接影响服装品牌忠诚度的结论。比约克对小跑运动员定制运动服的研究发现，定制本身不会增加顾客满意度，消费者对供应商提供的定制产品和定制服务的整体满意度是导致品牌忠诚的关键因素。也有学者研究表明，感知价值和顾客满意对行动意愿产生的正向影响十分显著。

H6a：顾客满意度在品牌个性与品牌忠诚度之间起到了中介作用。

H6b：品牌个性正向影响顾客满意度。

品牌个性越贴近消费者的性格，消费者越满意，越倾向于选购此种商品，其品牌忠诚程度越高。元明顺在《品牌个性、消费者真实自我与品牌态度》（2010）的研究结果表明，在服装品牌产品中，消费者对具有与真实自我一致的品牌认可度高，顾客在做出购买决策时非常注重自己的心理感受。追求与众不同是一种性格特征，它驱动很多消费者购买独特的、稀有的、个性化的产品，这一点在定制服装中尤为明显。除此之外，赵曼云、严艳在《目的地方言感知、品牌个性对游客忠诚的影响——游客满意的中介作用》（2021）中对旅游目的地品牌个性对游客忠诚度的影响进行了调查，结果显示，品牌个性对消费者的满意度有较大的直接作用，而消费者满意度则会间接地影响游客的忠诚度。

H7a：顾客满意度在感知体验与品牌忠诚度之间起到了中介作用。

H7b：感知体验正向影响顾客满意度。

定制服装允许消费者参与定制设计，与设计师成为共同设计者。费奥雷等人认为，顾客参与时尚产品设计的过程会提高顾客满意度，且从品牌商的角度来讲，与

❶ 金炳昊. 韩国男女消费者在服装品牌忠诚度形成过程中的差异：模型检验［J］. 服装与纺织学报，1999，17（3）：117-127.

设计师共同设计的过程对提高顾客满意度也是非常重要的。梅勒等人的研究确定了顾客参与产品设计过程中,感知产品设计带来的快乐以及产品完成后的成就感和自豪感。戴尔电脑公司的一位经理曾解释说,消费者满意度的部分来源于消费者对个性化的自豪感和成就感。除此之外,顾客参与服装定制设计不仅与顾客偏好的契合度更高,而且增加了服装款式设计的自由度。弗兰克和施赖埃尔(Frank,Schreier)在《顾客为什么重视自我设计的产品:过程努力和享受的重要性》(2010)的研究中指出,这种积极的设计体验和顾客沉浸于设计过程并从中获得乐趣的状态与顾客满意度密切相关,会提高顾客满意度和购买意愿。尼克(Nick)提出顾客对产品的预期和感知体验的差值决定了顾客满意,所以想要提高顾客满意度,应该从调整顾客对产品的预期和提高顾客的感知体验两个角度进行思考。布拉库斯、施密特(Brakes,Schmitt)等人在《"品牌体验是什么?"它是如何测量的?这会影响忠诚度吗?》(2009)的研究中通过对25位商科学生对自己喜爱的品牌进行描述体验的调查表明,顾客满意在品牌体验和品牌忠诚之间起了部分中介作用。孙文树、高锋通过对体育服装的市场调研和实证分析,发现顾客体验对消费者的满意度具有明显的积极作用,而对品牌忠诚度则有明显的直接或间接的作用。李光植、郑基柱、朴南九(이광식,정기주,박남구)等人在《顾客体验(产品、呼叫中心、售后服务)对顾客满意和忠诚度的影响》(2019)❶中,通过调查顾客对电子产品的产品体验和售后服务体验等对客户满意度和客户忠诚度的影响,分析表明产品体验和售后服务体验对客户的满意度具有显著的正相关性,并且认为客户满意度是关系到产品体验、售后服务体验和忠诚关系的中介因素。

H8a:顾客满意度在感知质量与品牌忠诚度之间起到了中介作用。

H8b:感知质量正向影响顾客满意度。

由于服装的质量可以通过使用色牢度比较好的面料、良好的工艺、高质量的针脚、耐穿以及品牌的服务来表现,所以服装质量的感知是纺织服装行业顾客满意度的最大预测因素之一。桑希尔德(Sunhilde,2010)对西班牙女性购买产品进行的

---

❶ 李光植,郑基柱,朴南九.顾客体验(产品、呼叫中心、售后服务)对顾客满意和忠诚度的影响[J].企业经营评论,2019,10(2):229-253.

一项调查显示，接近2/3的女性购买产品最看重的是质量，生产商和运营商把对产品和服务的交付质量当成顾客满意度的重要衡量标准。朱巧尼在《网络服装零售的顾客满意与顾客忠诚研究》（2011）中对网络服装零售的研究表明，顾客消费满意度在产品感知质量、服务感知质量与品牌忠诚中有显著的中介作用。有研究表明，解决服务的质量和深度是定制服装顾客满意的重点，而定制服装的质量是重中之重。比约克通过对定制运动服的研究，提出产品质量是运动员确保定制运动服与以前的服装面料、设计和合体方面是保持一致的关键要素，产品质量的一致性是影响顾客对产品满意的最主要因素。同时，由于定制运动服允许消费者创造出比标准产品更个性化的设计，服务质量也被认为是衡量顾客满意度程度的重要指标，服务质量越高，客户满意度越高。除此之外，尚鹏飞在《耐用消费品品牌忠诚形成机理及实证研究》（2021）中的研究表明，感知质量通过顾客满意间接作用于品牌忠诚。

为了更清楚各变量之间的关系，结合上述研究假设，本研究提出了如图4-2所示的顾客满意度与品牌忠诚度的关系假设模型。

三、顾客满意度在感知价值与品牌忠诚度之间的中介作用假设及模型构建

H9a：顾客满意度能中介感知价值对品牌忠诚度的直接正向影响。

H9b：顾客感知价值正向影响顾客满意度。

顾客感知价值被定义为从供应商获得的利益与顾客付出的牺牲之比，顾客满意

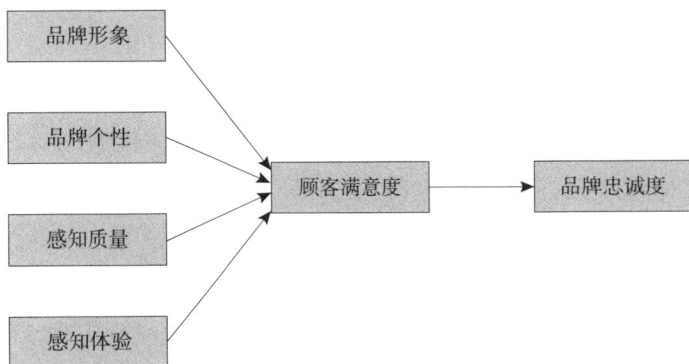

图4-2 顾客满意度与品牌忠诚度的关系假设模型

是顾客针对一个品牌的产品或一种服务进行了多次购物后的总体满意度，是商品质量、功能、价格、设计、包装、时间、服务、活动、情况、过程等的可感知效果以及与整个市场环境的比较分析。蒂洛（Thilo）等人在《满意度、信任和关系价值对承诺的影响：理论考虑和实证结果》（2002）的研究结果证实了顾客感知价值对供应商的顾客满意有正向影响。过去的研究表明，感知价值对满意度和行为意向起着很大的作用。伍德拉夫和加迪尔（Woodruff, Gardial）在《了解你的客户：客户价值和满意度的新方法》（1996）中也赞同了这一看法，指出顾客感知价值描述了组织、顾客和服务三者的内在联系，而顾客满意则是顾客对特定商品和服务的真实价值。以往的研究发现，感知价值对客户满意度有直接的影响，而满意度对顾客忠诚度也有很大的影响。姬婷和肯达夫（Ting Chi, Kilduff）的研究也表明了如果消费者能获得他想要的价值，他们会更愿意购买并推荐该产品，并对提供产品和服务的企业或品牌感到满意。邹晓峰等人通过对国内外运动服饰品牌的消费者满意度影响因素对比分析得出，感知价值观对顾客满意度有明显的作用；而顾客满意度对品牌忠诚度有明显的作用。顾客感知价值是影响顾客满意度与忠诚度的重要因素。朱江晖等人针对服装品牌形象与品牌忠诚之间的复杂关系构建了模型并提出理论假设，并对模型和假设进行了实证分析，结果显示，感知价值是通过消费者满意度的中介作用而间接地影响了品牌忠诚。为了更清楚各变量之间的关系，结合上述研究假设，本研究提出了如图4-3所示的理论模型。

四、定制服装感知价值、顾客满意度及品牌忠诚度关系假设研究总模型

图4-4为定制服装感知价值、顾客满意度与品牌忠诚度关系假设研究总模型。

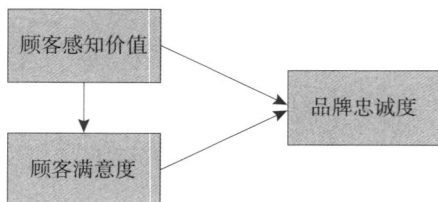

图4-3　顾客满意度在感知价值与品牌忠诚度之间的中介作用假设的研究模型

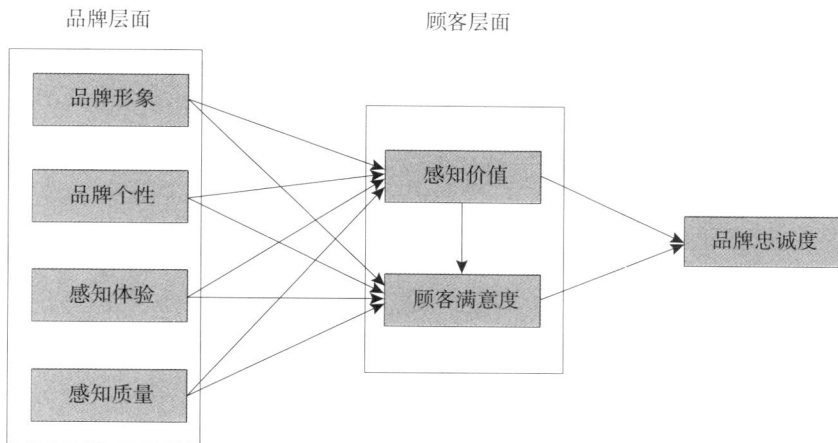

图4-4　定制服装感知价值、顾客满意度与品牌忠诚度关系假设研究总模型

▌第二节　调查问卷设计

为了便于理解模型，本小节对量表选择及问卷设计进行了说明，对研究模型中的各个变量的操作、调查问卷的设计、操作性问题选择和最终问卷进行阐述。

一、量表选择

本研究以网上问卷调查的方式，在网上进行了问卷调查。根据丘吉尔（Churchill）和吉尔伯特（Gilbert）（1979）的量表发展原理，为模型中的7个研究变量制定了对应的量表。调查问卷是在查阅了大量的资料之后，对其结论进行归纳，并参照业内的专家意见以及定制服装消费者访谈的基础上形成的。为确保问卷内容的有效性，本研究所采用的测度方法大多是以国内外有关资料为基础，以中国品牌忠诚度的形成与营销方法为依据形成《定制服装品牌顾客感知价值、顾客满意、品牌忠诚调查问卷》。本研究采取李克特五级量表的形式设计问卷的主干部分，1表示"非常不满意"、2表示"很不满意"、3表示"一般"、4表示"比较满意"、5表示"非常满意",分别赋值为1~5分。调查内容主要由两部分组成:一部分涉及品牌形象(BI)、品牌个性(BP)、感知体验(PE)、感知质量(PQ)、顾客感知价值(PV)、顾客满意度(CS)和品牌忠诚度(BL)七个方面的测量题项,另一部分是有关消费者基础资料的题项,总共40个题项。

二、问卷主体设计

为了使所研究的各变量测量指标更具科学性,本文将对这些测量指标的理论来源加以阐述。

(一)有关品牌形象的测量

品牌形象是消费者在听到或想起某品牌时对该品牌所产生的一系列联想,不仅形象好,更代表着消费者对产品价值的认可,品牌形象直接关系到消费者的购买与消费。在本研究中,品牌形象是怎样影响消费者的感知价值、顾客满意度以及品牌忠诚的呢?本研究借鉴了贝尔(Biel,1993),胡媛媛(2018),宋宪捷、周建军(2017)的研究,同时根据消费者心理理论,从企业形象、产品形象、使用者形象以及服务形象四个方面修订而成,共有6个测量问项(表4-1)。根据李克特(Likert Scale)五点量表,高分代表消费者对品牌形象认知度和满意度高,低分代表消费者对品牌形象认知度和满意度低。为了方便起见,后文中品牌形象以"BI"表示。

表4-1 品牌形象的测量题项

来源	测量题项
贝尔(Biel,1993)	BI1.服装品牌公司研发和创新能力强(企业形象) BI2.服装品牌公司口碑很好
贝尔(Biel,1993) 胡媛媛(2018)	BI3.定制服装有多种款式供我选择、新颖多样(产品形象)
	BI4.品牌定制服装的消费者个性十足、很有品位(使用者形象)
宋宪捷,周建军(2017)	BI5.定制体验的个性服务非常周到(服务形象) BI6.为顾客提供的便宜服务设施良好

（二）有关品牌个性的测量

品牌个性是品牌人格化特征的集合。定制服装消费一方面希望自己所买的品牌产品符合自己的个性与风格，另一方面又追求与众不同、张扬个性。消费者在挑选服装定制品牌时，往往会挑选与其性格相近，或与其性格相辅相成的品牌，而其品牌个性与个性或预期人格相符合时，消费者则会产生较强的品牌偏好。那么如何用品牌个性来解释感知价值和顾客满意，从而促进购买行为呢？本研究借鉴艾克（Aaker，1997）、魏彬（2008）的研究，并且根据消费者心理特征，从品牌个性的自我表达、独特性、人格化的胜任、精致与真挚五个题项来测量品牌个性（表4-2）。根据李克特五点量表，高分代表消费者对品牌个性认知度和满意度高，低分代表消费者对品牌个性认知度和满意度低。为了方便起见，后文中品牌个性以"BP"表示。

表4-2　品牌个性的测量题项

来源	测量题项
艾克（Aaker，1997）魏彬（2008）	BP1.该品牌提供的定制服装可以反映出我的风格
	BP2.该品牌服装风格延续性好（胜任）
	BP3.该品牌定制服装设计时尚（精致）
	BP4.该品牌定制的服装品质值得信赖（真挚）
	BP5.通过服装定制，与其他品牌的服装出现差异化

（三）有关感知体验的测量

定制服装欢迎顾客参与，与设计师协同设计，顾客参与服装设计的过程带来快乐，同时产品设计与制作过程结束后看到自己作品的成就感与满足感都会让顾客增加感知价值和顾客满意度，从而促进购买行为。那么，顾客体验的哪些方面影响了顾客满意与感知价值呢？本研究借鉴布拉库斯、施密特等人（Brakus，Schmitt.et al，2009），宾玉洁（2015），朱伟明、卫杨红（2018）的量表，根据定制服装消费者的心理特征，从感知体验的功能体验、感觉体验、智力体验、行为体验四个方面的四个题项来测量感知体验（表4-3）。根据李克特五点量表，高分代表消费者对感知体验感知度高，低分代表消费者对感知体验感知度低。为了方便起见，后文中感知体验以"PE"表示。

表4-3 感知体验的测量题项

来源	测量题项
朱伟明、卫杨红（2018）	PE1.定制服装可以满足部分人群身材特殊的着装合体性需求（功能体验）
布拉库斯、施密特等人（Brakus，Schmitt.et al，2009），宾玉洁（2015）	PE2.在服装定制过程中，很享受参与设计的过程（感觉体验）
	PE3.品牌服装定制激发了你的创意与好奇心（智力体验）
	PE4.参与定制，改变原有的样式很愉快（行为体验）

（四）有关感知质量的测量

感知质量在本文中指的是产品的真实质量，是消费者对产品和服务客观质量优劣进行的主观评价。在定制服装中指的是服装的面料、色彩、工艺、结构、针脚、是否耐穿和品牌的服务是否能满足消费者的需求。齐奥索（Tsiotsou）在《感知产品质量和总体满意度对购买意图的作用》（2006）中指出，服装使用色牢度比较好的面料、良好的工艺、高质量的针脚、耐穿以及品牌的服务来表现服装质量的优劣。那么，定制服装的哪些因素会影响消费者对产品质量和服务质量的评价呢？本研究借鉴朱巧尼（2011），费耐尔、约翰森（Fornell、Johnson，1996）的研究量表，根据消费者消费心理以及定制服装的特征，从品牌产品质量和服务质量两个方面设计七个题项来测量感知质量（表4-4）。根据李克特五点量表，高分代表消费者对感知质量认知度评价高，低分代表消费者对感知质量认知度评价低。为了方便起见，后文中感知质量以"PQ"表示。

表4-4 感知质量的测量题项

来源	测量题项
朱巧尼（2011）费耐尔、约翰森（Forrell，Johnson，1996）	PQ1.该品牌提供的定制服装的面料符合我的需要
	PQ2.该品牌提供的定制服装的款式符合描述情况
	PQ3.该品牌提供的定制服装的颜色符合其描述情况
	PQ4.该品牌提供的定制服装的号型尺寸很标准

来源	测量题项
朱巧尼（2011）费耐尔、约翰森（Fornell，Johnson，1996）	PQ5.该品牌提供的定制服装的工艺符合描述情况
	PQ6.该品牌定制服装的设计细节满意度
	PQ7.该品牌提供的售后服务/会员服务满意度

（五）有关感知价值的测量

前面对感知价值的介绍中我们了解到学术界对感知价值的定义不一致，但是泽瑟摩尔（Zeithaml，1988）的定义还是得到大多数学者的认同，即感知利得与感知利失的比较。常规的对于顾客感知价值的是根据盖尔（Gale，1994）提出的概念，即价值是根据质量来决定价格或者是根据价格来认定质量，即物有所值。这种方法分析的结果表明，消费者的感知价值是通过对消费者所感受到的总品质与价格的加权和定价进行衡量的，即整体品质 × 品质加权+价位 × 定价加权。用计量法得到了品质与物价两个变项的得分；加权是消费者对该商标的品质/价位和其品牌的品质/价位的比较。本文借鉴朱江晖、阎玉秀、张乐如（2015），张月莉（2007）研究中的顾客感知价值研究量表，设计了四个问项（表4-5）。根据李克特五点量表，高分代表消费者对产品和服务感知价值高，低分代表消费者对产品和服务感知价值低。为了方便起见，后文中感知价值以"PV"表示。

表4-5　感知价值的测量题项

来源	测量题项
朱江晖、阎玉秀、张乐如（2015），张月莉（2007）	PV1.我定制的这个品牌的服装确实物有所值
	PV2.我定制的服装性价比很高
	PV3.定制这个品牌的服装比定制别的品牌划算
	PV4.这个品牌的服装价格公平合理

（六）有关顾客满意度的测量

顾客满意度评价是基于"期望不一致性"模型进行的，并逐步形成累积型和差异型两种顾客满意度。本研究采用累积顾客满意的概念，即客户多次定制服装产品与服务后对其进行整体评价累积的满意度。这是因为累计的满意比特定的消费体验或偶尔一次所产生的消费满意更能精准地预期顾客的行为和意图。本研究参考朱江晖、阎玉秀、张乐如（2015），奥利佛（Oliver，1980），威斯特布鲁克、奥利佛（Westbrook，Oliver，1981），费耐尔（Fornell，1996）采用的有关累积性顾客满意的量表，设计四个问项（表4-6）。根据李克特五点量表，高分代表消费者对产品和服务顾客满意度高，低分代表消费者对产品和服务顾客满意度低。为了方便起见，后文中顾客满意度以"CS"表示。

表4-6 顾客满意度的测量题项

来源	测量题项
奥利佛（Oliver，1980）	CS1.定制该品牌的服装是非常明智的
威斯特布鲁克、奥利佛（Westbrook，Oliver，1981）等	CS2.我觉得穿该品牌定制的服装非常愉快
费耐尔（Fornell，1996），朱江晖等人（2015）	CS3.定制该品牌的服装质量与服务比我预期的要好很多
	CS4.总的来讲，我对该品牌提供的定制服装和服务非常满意

（七）有关品牌忠诚度的测量

学者们对品牌忠诚度的测量分别从行为忠诚、态度忠诚、行为忠诚和态度忠诚相结合三个维度来衡量。本研究采用将行为忠诚和态度忠诚相结合的方式，借鉴拉姆（Lam，2004），乔杜里、霍尔布鲁克（Chaudhur，Holbrook，2001）[1]，朱江晖、阎玉秀、张乐如（2015）等学者的研究，设计5个测量问项（表4-7）。根据李克特五点量表，得分越高表示消费者对该品牌的忠诚程度较高，而得分越低则表示其对该品牌的忠诚程度较低。为了方便起见，后文中品牌忠诚度以"BL"表示。

---

❶ 乔杜里，莫里斯·霍尔布鲁克. 从品牌信任和品牌影响到品牌绩效的连锁效应：品牌忠诚度的作用［J］. 营销杂志，2001，65（2）：81-93.

表4-7 品牌忠诚度的测量题项

来源	测量题项
拉姆（Lam，2004）	BL1.如果下次定制服装，我还会选择这个品牌
朱江晖、阎玉秀、张乐如（2015）	BL2.我会向别人推荐这个品牌
	BL3.我愿意再次定制这个品牌的服装
	BL4.短期内不会转换到其他定制服装品牌
乔杜里、霍尔布鲁克（Chaudhur，Holbrook，2001）	BL5.如果定制服装价格上涨，我愿意对该品牌支付更高的价钱

　　根据以上研究结果，本研究对问卷进行了修正，并与定制服装消费者及从事服装定制行业多年的专家进行了深入的沟通，以改善其效度和信度。最后，对上述各项变量进行了测试，并将其作为本研究初始测量表，共7个隐性变量，35个测量项目（表4-8）。

表4-8 本研究初始测量表

品牌形象
BI1：品牌公司研发和创新能力会影响我的最终决定
BI2：品牌公司口碑会影响我的最终决定
BI3：定制服装有多种款式供我选择、新颖多样
BI4：品牌定制服装的消费者个性十足、很有品位
BI5：品牌的定制体验的服务非常周到
BI6：品牌为顾客提供的便利服务设施良好

品牌个性
BP1：该品牌提供的定制服装可以反映出我的风格
BP2：该定制服装品牌服装风格延续性好
BP3：该定制服装品牌设计时尚
BP4：该品牌定制的服装品质值得信赖
BP5：通过服装定制，与其他品牌的服装出现差异化

感知体验
PE1：定制服装可以满足部分身材特殊人群的着装合体性需求

感知体验
PE2：在品牌服装定制过程中，很享受参与设计的过程
PE3：品牌服装定制激发了消费者的创意与好奇心
PE4：参与定制，改变原有的服装样式很愉快
感知质量
PQ1：该品牌提供的定制服装的面料符合消费者需求
PQ2：该品牌提供的定制服装的款式符合描述情况
PQ3：该品牌提供的定制服装的颜色很符合其描述情况
PQ4：该品牌提供的定制服装的号型尺寸很标准
PQ5：该品牌提供的定制服装的工艺很符合描述情况
PQ6：该品牌定制服装的设计细节令人满意
PQ7：该品牌提供的售后服务/会员服务令人满意
感知价值
PV1：我定制的这个品牌的服装确实物有所值
PV2：我定制的这个品牌的服装性价比很高
PV3：定制这个品牌的服装比定制别的品牌划算
PV4：这个品牌的服装价格合理
顾客满意度
CS1：定制该品牌的服装是非常明智的
CS2：我觉得穿该品牌定制的服装非常愉快
CS3：该品牌的定制服装质量与服务比预期要好很多
CS4：我对该品牌提供的定制服装和服务非常满意
品牌忠诚度
BL1：如果下次定制服装，我还会选择这个品牌
BL2：我会向别人推荐这个品牌
BL3：我愿意再次定制这个品牌的服装
BL4：短期内不会转换到其他定制服装品牌
BL5：如果定制服装价格上涨，我愿意对该品牌支付更高的价钱

▌第三节 研究抽样与数据收集

本研究基于柔性化定制趋势，以定制服装品牌为研究对象，针对消费者对定制服装品牌的感知形象、感知个性、感知体验、感知质量、感知价值、顾客满意与品牌忠诚之间的关系进行研究。为了保障研究的有效性，本研究在问卷正式发放前，于2021年3月24日—4月24日通过问卷星平台发放电子问卷和访谈的形式向参加过服装定制的消费者收集数据进行预调研，通过对收回的108份问卷进行甄别，剔除了有遗漏题项和答案选项极其相似的问卷，得到了94份有效问卷，有效率87%。由于本研究问卷内容主要考察消费者的主观感受和态度，所以要对收集到的调查问卷进行信度和效度分析，以验证所获得的资料是否可信，只有在测试结束后具有较高信度和效度的问卷才能作为调查问卷的正式计量依据。

该调查面向在线参与过服装定制的客户共收集到 94 个问卷。表4-9 显示，79.8%的受访者为女性，20.2%为男性，70.6%的受访者年龄超过25岁，86.1%的被调查者拥有大学本科及以上学历，35.1%的被调查者每月收入不到10000元。

表4-9 样本描述性统计特征

特征	类型	频率	占比（%）
性别	男性	19	20.2
	女性	75	79.8
年龄	18岁以下	1	0.01
	18~25（岁）	27	28.7
	25~40（岁）	56	60.0
	40~60（岁）	10	10.6
教育	本科以下	13	13.9
	本科	24	25.5
	研究生及以上	57	60.6

特征	类型	频率	占比（%）
收入（月）	低于3000（元）	0	0.00
	3000～5000（元）	9	9.6
	5000～10000（元）	24	25.5
	10000～30000（元）	39	41.5
	高于30000（元）	21	22.4

一、信度分析

信度又被称为可靠性，是采用相同测量方法对同一个调查对象重复检验后所得到的各测量项目间测量结果内在一致性程度。一般的信度指数以稳定系数、等值系数、内部一致性系数等为代表用以衡量跨时间、跨形式、跨项目的一致性。信度系数越高，表明在同一量表内各测量题经过测量后得到的分数误差越小。因此，信度系数的分析直接影响内容分析的可靠性、稳定性和一致性。

信度分析（Reliability Analysis）主要采用了重测信度、复本信度、折半信度和 α 信度系数等方法。其中，α 信度系数是衡量量表各项指标得分是否一致、是否具有内在一致性的系数，且该分析方法对态度、意见式问卷（量表）的信度可以更好地进行适用性评估。由于本研究问卷内容主要考察定制服装消费者的主观感受和态度，因此采用克隆巴赫系数法（Cronbach's alpha）对本问卷的各个测量变量的题项进行内在一致性检验，其余三种信度分析方法在这里不再一一赘述。

学者德维利斯于1991年提出，在0.60～0.65的信度系数中，放弃是最佳的；最低允许数值为0.65～0.70；0.70～0.80（很不错）；0.80～0.90（很好）。因此一般认为，一份具有良好信度系数的量表或总量表的Cronbach's α 信度系数最好高于0.80，0.7~0.80为宜；各分测量量表的信度系数在0.70以上，在0.60～0.80范围内均可接受，说明各项指标具有较好的内在一致性。如果一个量表的信度较高，则说明该量表的稳定性较好。通常，该量表在0.80或更高时，其信度值就会被认为是具有使用价值。因此，本研究最后结果选择信度系数大于0.80的结果。如果出现Cronbach's α 系数低于0.6的情况，表明问卷存在问题，但仍有价值存在，需要对问卷重新调整编制。同时，对测量量表内在一致性的判断，"个性—总量修正系数"（Corrected intem-total correlation）也可以对测量题项进行判断选择，若某个题项的该系数低于0.50，表明该题项存在问题，除非有万不得已的理由，否则应该选择删除。删除后，该变量的信度系数会得到相应提高。

本研究采用SPSS 23.0统计分析软件对各测量变量及题项进行信度分析，以下是对本研究测量变量及各题项内在一致性的分析过程及结果。

（一）品牌形象的分析结果

采用SPSS 23.0中的专门测量信度分析的模块可靠性分析（Reliability Analysis）对品牌形象的6个问题题项进行信度分析，得出下列结果。

从表4-10可以看出，定制服装品牌忠诚度研究的变量品牌形象分析的6个测量题项的信度系数（即内部一致性系数）为0.881，标准化题项后信度系数也为0.881>0.8，内部一致性结果非常好。从表4-11可以看出，6个题项的"个性—总量修正系数"（以下简称"修正系数"）均大于0.5。因此，对于影响定制服装品牌忠诚度的品牌形象这一构成变量的检验结果是非常可靠的。

表4-10 品牌形象的可靠性统计分析结果

克隆巴哈系数	标准化的克隆巴哈系数	项目个数
0.881	0.881	6

表4-11 品牌形象的信度分析结果

题项	修正项目总相关系数	剔除每条项目后的克隆巴哈系数
BI1	0.775	0.872
BI2	0.674	0.863
BI3	0.686	0.851
BI4	0.728	0.892
BI5	0.576	0.836
BI6	0.693	0.870

（二）品牌个性的分析结果

采用SPSS 23.0中的专门测量信度分析的模块Reliability Analysis对品牌个性的5个问题题项进行信度分析与可靠性分析，得出表4-12与表4-13的结果。

表4-12　品牌个性的可靠性统计分析结果

克隆巴哈系数	标准化的克隆巴哈系数	项目个数
0.753	0.753	5

表4-13　品牌个性的信度分析结果

题项	修正项目总相关系数	剔除每条项目后的克隆巴哈系数
BP1	0.576	0.685
BP2	0.634	0.692
BP3	0.581	0.690
BP4	0.453	0.897
BP5	0.771	0.776

从表4-12中可以看出，采用Cronbach's α系数对品牌个性样本进行信度分析，品牌个性的信度系数为0.753，低于0.8，其量表的内在一致性不符合标准。另外，从表4-13中可以看出，BP4的修正系数值小于0.5，应该予以放弃该题项。删除BP4题项后，对剩余的四个题项重新计算并进行信度分析，分析结果如表4-14、表4-15所示。

表4-14　品牌个性修正后的统计分析结果

克隆巴哈系数	标准化的克隆巴哈系数	项目个数
0.843	0.843	4

表4-15　品牌个性修正后的信度分析结果

题项	修正项目总相关系数	剔除每条项目后的克隆巴哈系数
BP1	0.656	0.851
BP2	0.734	0.801
BP3	0.581	0.864
BP5	0.697	0.820

从表4-14、表4-15可以看出，在删除题项BP4后，品牌个性的信度系数是0.843；同时，各测量题项的修正系数也都大于0.5。因此，修正后的定制服装的品牌个性的这一构成变量的检验结果是非常可靠的。

（三）感知体验的分析结果

运用 SPSS 23.0 的 Reliability Analysis 模块，对感知体验的4个问题题项进行了信度分析和可靠性分析，得到表4-16、表4-17的结果。

表4-16　感知体验的可靠性统计分析结果

克隆巴哈系数	标准化的克隆巴哈系数	项目个数
0.892	0.892	4

表4-17　感知体验的信度分析结果

题项	修正项目总相关系数	剔除每条项目后的克隆巴哈系数
PE1	0.767	0.879
PE2	0.723	0.891
PE3	0.791	0.921
PE4	0.673	0.883

从表4-16可以看出，定制服装品牌忠诚度研究的变量感知体验分析的4个测量题项的信度系数（即内部一致性系数）为0.892，标准化题项后信度系数也为

0.892>0.8，内部一致性结果非常好。从表4-17可以看出，4个题项的修正系数均大于0.5。因此，对于影响定制服装品牌忠诚度的感知体验这一构成变量的检验结果可靠性还是非常高的。

（四）感知质量的分析结果

运用SPSS 23.0的Reliability Analysis模块，对感知质量的7个问题题项进行了信度分析和可靠性分析，得到表4-18、表4-19的结果。

表4-18　感知质量的可靠性统计分析结果

克隆巴哈系数	标准化的克隆巴哈系数	项目个数
0.874	0.874	7

表4-19　感知质量的信度分析结果

题项	修正项目总相关系数	剔除每条项目后的克隆巴哈系数
PQ1	0.712	0.889
PQ2	0.694	0.878
PQ3	0.681	0.841
PQ4	0.674	0.832
PQ5	0.704	0.869
PQ6	0.697	0.853
PQ7	0.693	0.870

从表4-18可以看出，定制服装品牌忠诚度研究的变量感知质量分析的7个测量题项的信度系数（即内部一致性系数）为0.874，标准化题项后信度系数也为0.874>0.8，内部一致性结果也非常满意。从表4-19可以看出，7个题项的修正系数均大于0.5。因此，对于影响定制服装品牌忠诚度的感知质量这一构成变量的检验结果可靠性也非常高。

（五）感知价值的分析结果

运用SPSS 23.0的 Reliability Analysis模块，对感知价值的4个问题题项进行了信度分析和可靠性分析，得到表4-20、表4-21的结果。

表4-20　感知价值的可靠性统计分析结果

克隆巴哈系数	标准化的克隆巴哈系数	项目个数
0.847	0.847	4

表4-21　感知价值的信度分析结果

题项	修正项目总相关系数	剔除每条项目后的克隆巴哈系数
PV1	0.723	0.859
PV2	0.681	0.831
PV3	0.684	0.837
PV4	0.691	0.840

从表4-20可以看出，定制服装品牌忠诚度研究的变量感知价值分析的4个测量题项的信度系数（即内部一致性系数）为0.847，标准化题项后信度系数也为0.847>0.8，内部一致性结果也非常满意。从表4-21可以看出，4个题项的修正系数均大于0.5。因此，对于影响定制服装品牌忠诚度的感知价值这一构成变量的检验结果可靠性也非常高。

（六）顾客满意度的分析结果

运用SPSS 23.0的 Reliability Analysis模块，对顾客满意度的4个问题题项进行了信度分析，得到表4-22、表4-23的结果。

表4-22　顾客满意度的可靠性统计分析结果

克隆巴哈系数	标准化的克隆巴哈系数	项目个数
0.823	0.823	4

表4-23 顾客满意度的信度分析结果

题项	修正项目总相关系数	剔除每条项目后的克隆巴哈系数
CS1	0.654	0.839
CS2	0.641	0.835
CS3	0.630	0.821
CS4	0.602	0.805

从表4-22可以看出，定制服装品牌忠诚度研究的变量感知价值分析的4个测量题项的信度系数（即内部一致性系数）为0.823，标准化题项后信度系数也为0.823>0.8，内部一致性结果也非常满意。从表4-23可以看出，4个题项的修正系数均大于0.5。因此，对于影响定制服装品牌忠诚度的顾客满意这一构成变量的检验结果可靠性也非常高。

〔七〕品牌忠诚度的分析结果

运用SPSS 23.0的Reliability Analysis模块，对品牌忠诚度的5个问题题项进行了信度分析，得到表4-24、表4-25的结果。

表4-24 品牌忠诚度的可靠性统计分析结果

克隆巴哈系数	标准化的克隆巴哈系数	项目个数
0.887	0.887	5

表4-25 品牌忠诚度的信度分析结果

题项	修正项目总相关系数	剔除每条项目后的克隆巴哈系数
BL1	0.712	0.910
BL2	0.674	0.864
BL3	0.663	0.841
BL4	0.695	0.881
BL5	0.713	0.890

从表4-24可以看出，定制服装品牌忠诚度研究的变量品牌忠诚分析的5个测量题项的信度系数（即内部一致性系数）为0.887，标准化题项后信度系数也为0.887>0.8，内部一致性结果也非常满意。从表4-25可以看出，5个题项的修正系数均大于0.5。因此，对于影响定制服装品牌忠诚度的品牌忠诚这一构成变量中的结果变量的检验结果可靠性也非常高。

最终通过对上述构成变量及观测变量进行分析后，对量表进行修正，最终保留34个测量指标，最终修正后用于正式测量的量表如表4-26所示。

表4-26　品牌忠诚度研究正式测量样本及测量题项

研究变量	测量项目
品牌形象	［BI1］品牌的研发和创新能力会影响我的最终决定 ［BI2］品牌的声誉会影响我的最终决定 ［BI3］定制服装品牌有多种款式供我选择 ［BI4］定制服装品牌的消费者个性十足，品位高雅 ［BI5］品牌的定制体验服务很周到 ［BI6］品牌为客户提供的服务设施良好、便捷
品牌个性	［BP1］品牌提供的定制服装体现了我的风格 ［BP2］定制服装品牌在服装风格上具有良好的延续性 ［BP3］定制服装品牌的设计时尚 ［BP4］通过服装定制，有别于其他服装品牌
感知体验	［CE1］定制服装可以满足不同体型人群的需求 ［CE2］在品牌的服装定制过程中，我真的很享受参与设计的过程 ［CE3］品牌的服装定制，激发你的创造力和好奇心 ［CE4］参与定制，改变原来的服装风格，很惬意
感知质量	［PQ1］品牌提供的定制服装面料满足我的需求 ［PQ2］品牌提供的定制服装款式与描述相符 ［PQ3］品牌提供的定制服装颜色与描述相符 ［PQ4］品牌提供的定制服装尺码非常标准 ［PQ5］品牌提供的定制服装工艺符合描述 ［PQ6］我对定制服装的设计细节很满意 ［PQ7］对品牌提供的售后服务很满意
感知价值	［PV1］品牌的定制服装很值钱 ［PV2］品牌的定制服装性价比很高 ［PV3］这个牌子比其他牌子性价比高 ［PV4］品牌价格公道、合理

研究变量	测量项目
顾客满意度	［CS1］定制这个品牌的服装是非常明智的 ［CS2］我觉得穿着这个品牌的定制服装很有趣 ［CS3］这个品牌的定制服装质量和服务比我想象的好很多 ［CS4］我对这个品牌提供的定制服装和服务非常满意
品牌忠诚度	［BL1］如果我下次定制衣服，我会购买这个品牌 ［BL2］我要把这个品牌推荐给朋友 ［BL3］我愿意再次定制这个品牌的服装 ［BL4］短期内不会转用其他定制服装品牌 ［BL5］如果定制服装的价格上涨，我愿意为这个品牌支付更高的价格

二、效度分析

效度是用来评估问卷各变量的观测指标与变量之间的关系，以及解释所用理论与概念的反映程度。效度越高，则检验结果符合程度越高；反之，符合程度愈低。内容效度、标准效度、结构效度是衡量信度的三种主要指标，其中研究经常用到的是内容效度和结构效度。内容效度是以问卷调查的题目来测试被测试的内容，或者测试的内容是否符合测试的需要，能广泛地覆盖大部分被检测对象的意愿。如果对于一套定制运动服装只考虑其吸汗透气的功能，而忽略了运动服装要通过减少空气阻力、去除皮肤汗液、在不同天气条件下保持身体在理想温度下来保护穿着者并增加运动的舒适度；定制运动服也并非只考虑合体性，产品美学作为运动服产品实用价值的一部分，自己设计的产品在设计师的指导下会有更高的审美契合度。但由于运动员要专注于他们在运动场上的表现，因此产品的美学结构要符合运动员运动的本质、不能吸引运动员的注意力等。测试的题项要符合检测的要求，否则测试的内容效度就很低。本研究问卷中变量题项的选取，一方面借鉴国内外专家学者在品牌忠诚度及定制服装研究领域的部分量表与理论。另一方面走访长期从事定制服装行业内的设计师及经常采用定制方式购买服装的消费者进行交流访谈。本研究将这两个部分的内容综合起来，最后形成了本研究的测验题目，因此本研究所提出的测量量表能够达到所需要求的内容效度，且内容效度较高。

结构效度是检验本研究所用的理论与测量量表检测结果是否有一致性，也就是测试结果能否证实这种假设。因子分析通常是结构有效性测试的常用分析方法，验证性因子分析（EFA）和探索性因子分析（CFA）是两种重要的因子分析方法。前期的研究中，在预调研阶段主要采用验证性因子分析，在正式测试阶段，本研究将探索性因子分析与验证性因子分析相结合。在预调研阶段，通过Amos 24.0结构方程软件来完成，分析结果将在表4-27中显示。本研究提出了5个拟合指数指标：X^2自由度比（X^2/df=自由度）、RMSEA（近似误差均方根）、NFI（规范拟合指数）、CFI（比较拟合指数）、NNFI（非规范拟合指数）。测试结果表明：P值（拟合优度的卡方检验值）的最低临界值超过0.01。X^2自由度比小于3，且越小越好，本研究的X^2的自由度比为2.731，符合要求。RMSEA（近似误差均方根）在0.08以下的情况下可以，低于0.05的最好，且越小越好，本研究的RMSEA小于0.5，符合检测要求。NFI、CFI及NNFI值大于0.9且越接近1越好，检测值符合要求。综上所述，X^2、RMSEA、NFI、CFI、NNFI各指标均与模型拟合良好，检测结果证实各因素具有较好的结构效度。

表4-27　各变量量表的验证性因子分析结果

变量名称	X^2	RMSEA	P	NFI	CFI	NNFI
品牌形象	0.267	0.043	0.00	0.85	0.95	0.84
品牌个性	0.281	0.042	0.00	0.92	0.96	0.93
感知体验	0.245	0.047	0.00	0.91	0.87	0.85
感知质量	0.271	0.049	0.00	0.94	0.91	0.83
感知价值	0.283	0.041	0.00	0.83	0.92	0.95
顾客满意度	0.291	0.045	0.00	0.95	0.86	0.91
品牌忠诚度	0.274	0.044	0.00	0.97	0.97	0.98

根据检验结果得出：对于定制服装品牌忠诚度问卷量表的信度和效度都显示了本次预调研样本数据的调查结果与模型假设、理论设计吻合。

综上所述，本章探讨了柔性化定制趋势下定制服装品牌形象、品牌个性、感知质量、顾客体验、感知价值、顾客满意等因素都会对品牌忠诚度产生显著的影响。在总结和吸收众学者研究结果的基础上，提出各变量之间的关系假设和理论依据，提出了20个关于品牌忠诚度及其各要素之间的直接作用、间接作用的假设，以及为了研究顾客满意度、感知价值与品牌忠诚度之间的关系并在品牌形象、品牌个性、感知质量、顾客感知体验与品牌忠诚度之间的中介效应，构建了感知价值与品牌忠诚度关系假设的研究模型（图4-1）、顾客满意度与品牌忠诚度的关系假设模型（图4-2）、顾客满意度在感知价值与品牌忠诚度之间的中介作用假设的研究模型（图4-3）。

然后，依据研究的假设模型，结合前人的研究成果，阐述了本研究的问卷调查的设计和验证。问卷确认后首先进行预调研，通过对预调研数据样本进行信度分析，最终确定正式调研的34个测量题项。通过效度分析，证实了本次预调研样本数据的调查结果与模型假设、理论设计吻合，为研究课题后续进一步做数据分析与模型检验打下基础。其中，顾客感知价值和顾客满意度在以往研究中是普遍被认可的重要因素，在本研究的理论研究模型中也将其认为是衡量定制服装品牌忠诚度中的关键因素。同时，根据以往学者的研究，结合定制服装的特点，品牌形象、品牌个性、感知质量与感知体验也被认为是在品牌形成过程的一个关键环节。

第五章

数据统计与分析

本章在前几章理论基础与模型量表建立的基础上，对柔性化定制趋势下定制服装品牌忠诚度的驱动模型进行体验，将正式调研所收集的资料通过信效度分析、因子分析、相关性分析及中介作用检验来检验模型假设，得出结果。

▎第一节 问卷调查与调查数据描述性统计分析

一、数据收集

本研究主题为定制服装的感知价值、顾客满意度和品牌忠诚度之间的关系，为了证实图4-4模型假设关系成立，自2021年5月1日至7月8日展开正式问卷调查，即定制服装顾客感知价值、顾客满意及品牌忠诚度问卷调查，力图用真实数据来证实模型假设是否成立。为保障样本的代表性，本文以参与过品牌服装定制的消费者为调研对象，包含线上定制，以及线上定制、线下体验的顾客，定制服装的目标群体是18~80岁的人员，主要针对企事业单位白领、知识分子、管理人员、媒体等容易接受新事物、适应新生活方式的人群，价格定位一般在400~2000元，属于定制服装消费中大众接受程度较高的消费水平。学生群体被定位为一个潜在的目标群体，通过互联网向参与品牌服装定制的顾客发放350份问卷，其中有336位顾客进行回答，回收问卷后剔除17份存在问题的问卷，获得实际有效问卷319份，有效回收率为91.14%。无效问卷的判断标准主要根据以下三个方面：①项目填写时存在严重的极端反应。②填写项目时存在明显的矛盾性反应。③未完成全部题项的回答。

二、样本的基本特征

人口统计变量的描述性统计答卷者中（表5-1），女性比例略大（74.9%），年龄结构以25~40岁的人群为主（51.7%），学历主要以本科为主（46.1%），职业以国家机关、党群组织、企事业单位负责人（27.6%），专业技术人员（31.7%）和商业、服务业人员（23.5%）为主，由于该研究品牌定制服装价格定位适中，故62.4%的答卷者收入在5000～30000元，与现实顾客购买情况较相符，可以进一步分析。

表5-1　人口统计变量的描述性统计

	选项	人数（位）	占比（%）
性别	男	80	25.1
	女	239	74.9
年龄	18岁以下	1	0.3
	18～25岁	66	20.7
	25～40岁	165	51.7
	40～60岁	87	27.3
学历	专科及以下	44	13.8
	本科	147	46.1
	研究生	54	16.9
	研究生以上	74	23.2
职业	国家机关、党群组织、企事业单位负责人	88	27.6
	专业技术人员	101	31.7
	办事人员和有关人员	43	13.5
	商业、服务业人员	75	23.5
	军人	3	0.9
	农、林、牧、渔、水利业生产人员	4	1.3
	生产、运输设备操作人员及有关人员	5	1.6
收入	3000元以下	31	9.7
	3000～5000元	51	16.0
	5000～10000元	121	37.9
	10000～30000元	78	24.5
	30000元以上	38	11.9

三、调查问卷题项的描述性统计分析

调查问卷主体由品牌形象、品牌个性、感知体验、感知质量、感知价值、顾客满意度、品牌忠诚度7个量表的34个题项构成。表5-2是测量题项的描述性统计结果。

表5-2 测量题项的描述性统计

测量题项	样本量	极小值	极大值	均值	标准差
BI1	319	2	5	4.37	0.724
BI2	319	1	5	4.24	0.817
BI3	319	2	5	4.26	0.835
BI4	319	1	5	4.19	0.852
BI5	319	1	5	4.24	0.869
BI6	319	1	5	4.18	0.886
● BI	319	1.75	5	4.2458	0.6647
BP7	319	1	5	3.8	1.062
BP8	319	1	5	3.82	0.999
BP9	319	1	5	3.86	1.015
BP10	319	1	5	3.85	1.038
● BP	319	1.4	5	3.831	0.94856
PE11	319	1	5	4.03	0.929
PE12	319	1	5	3.99	0.872
PE13	319	1	5	3.95	0.904
PE14	319	1	5	3.94	0.944
● PE	319	1.5	5	3.9756	0.80881
PQ15	319	1	5	4.24	0.858
PQ16	319	1	5	4.28	0.809
PQ17	319	1	5	4.27	0.827
PQ18	319	2	5	4.28	0.799
PQ19	319	1	5	4.32	0.793
PQ20	319	1	5	4.24	0.811
PQ21	319	1	5	4.28	0.807
● PQ	319	1.71	5	4.2734	0.6994
PV22	319	1	5	3.96	1.002
PV23	319	1	5	3.94	1.028
PV24	319	1	5	3.97	1.021
PV25	319	1	5	3.92	1.06
● PV	319	1.75	5	3.9475	0.91106
CS26	319	1	5	3.92	1.083

测量题项	样本量	极小值	极大值	均值	标准差
CS27	319	2	5	4.03	0.927
CS28	319	1	5	3.93	1.026
CS29	319	1	5	4.03	0.995
● CS	319	1.75	5	3.9775	0.9665
BL30	319	1	5	3.97	0.919
BL31	319	1	5	3.94	0.989
BL32	319	1	5	3.98	0.974
BL33	319	1	5	3.73	1.087
BL34	319	1	5	3.5	1.106
● BL	319	1.4	5	3.8239	1.1566

第二节　数据统计与分析

本研究统计分析分为四个阶段：第一阶段，使用SPSS 23.0对整体问卷和每个维度题项进行信效度分析，以检验得到的数据是否可靠或准确。第二阶段，采用探索性因子分析方法对34个测验题进行探索性因子分析，确定被调研顾客的感知维度及构造结构变量，并建立一个品牌忠诚的理论模型。第三阶段，对所建立的理论模型进行相关性分析，并对各个因素的关联度进行分析。第四阶段，利用Amos结构方程式模型来验证本研究所提出的假设模型。

一、信度分析

表5-3采用Cronbach's α 系数对调查样本进行信度分析。总体调查问卷的Cronbach's α 系数为0.927，其中品牌形象、品牌个性、感知体验、感知质量、感知价值、顾客满意度、品牌忠诚度7个维度的信度分别是0.881、0.859、0.904、0.850、0.842、0.811、0.876，其系数值都超过要求值0.8，量表的内部一致性信度满足要求。

表5-3 量表信度分析

测量维度	题项	各维度的Cronbach's α 系数	整体问卷的Cronbach's α 系数
品牌形象	1～6	0.881	
品牌个性	7～10	0.859	
感知体验	11～14	0.904	
感知质量	15～21	0.850	0.927
感知价值	22～25	0.842	
顾客满意度	26～29	0.811	
品牌忠诚度	30～34	0.876	

二、探索性因子分析及效度检验

效度分析用来评估问卷的效度。效度越高，说明问卷效果更能准确反映样本情况；反之，问卷调查结果可能无法解释样本的真实情况。采用KMO和Bartlett球形测验法对影响因素的影响程度进行评价。根据Kaiser（1974）规定，KMO值高于0.6是进行因子分析的最低标准；KMO值大于0.8表示各项目之间的因子分析是适合的。本研究采用SPSS 23.0探索性因子分析法对34个问题进行探索性因子分析，采用最大旋转法对各要素进行提取，其中特征值大于1时为隐性变量予以保留。本研究采用SP因子负载为0.50以上的变量。

从表5-4可以看出，问卷量表的KMO检验值为0.925，符合Kaiser给出的 KMO>0.8的度量标准；Bartlett球形度检验近似卡方值为9279.846（df=561，Sig.=0.000<0.05），结果表明显著性水平较高，适合进行因子分析。

表5-4 量表KMO和Bartlett球形度检验

Bartlett的球形度检验			Kaiser-Meyer-Olkin 度量
近似卡方值	df	Sig.	
9279.846	561	0.000	0.925

注 df为自由度；Sig.为显著性，若0.01<P<0.05，则表示差异显著，若P<0.01，则差异极显著。

通过因子分析来验证测量工具的有效性。主成分分析作为因子分析的因子提取方法，只选取特征值大于或等于1的因子来确定因子个数。因子载荷的显著性以0.5以上为判断依据，因子旋转采用 Varimax 法。可行性分析结果见表5-5问卷的旋转成分矩阵表，降维后通过因子提取和具有 Kaiser 标准化的正交因子旋转结果显示：Q15～Q21被划分为一个主成分，因子载荷值在0.694～0.821，结合表5-6可知，该主成分可解释方差为15.76%，根据问卷将该主成分命名为感知质量。Q1～Q6被划分为一个主成分，因子载荷值在0.702～0.772，结合表5-6可知，该主成分可解释方差为11.714%，根据问卷将该主成分命名为品牌形象。Q30～Q34被划分为一个主成分，因子载荷值在0.674～0.808，结合表5-6可知，该主成分可解释方差为10.721%，根据问卷将该主成分命名为品牌忠诚度。Q7～Q10被划分为一个主成分，因子载荷值在0.8～0.86，结合表5-6可知，该主成分可解释方差为10.521%，根据问卷将该主成分命名为品牌个性。Q22～Q25被划分为一个主成分，因子载荷值在0.823～0.842，结合表5-6可知，该主成分可解释方差为9.812%，根据问卷将该主成分命名为感知价值。Q11～Q14被划分为一个主成分，因子载荷值在0.787～0.846，结合表5-6可知，该主成分可解释方差为9.715%，根据问卷将该主成分命名为感知体验。Q26～Q29被划分为一个主成分，因子载荷值在0.63～0.799，结合表5-6可知，该主成分可解释方差为8.322%，根据问卷将该主成分命名为顾客满意度。综上所述，34个测量项目中，相应因子上具有较大负荷，分别处于0.63～0.86（表5-5），因子负荷在唯一单个因子上在0.60以上，说明量表具有良好的结构效度。又因各因子的 Cronbach's α系数都大于0.8，由表5-5可以看出，本量表可分为7个维度，解释总方差达到76.564%，说明降维后，7个主成分仍能解释原始问卷76.564%的信息量。因此，关于定制服装顾客满意度对品牌忠诚度影响研究的量表具有较高的有效性，维度构建是可行的。

表5-5　量表旋转成分矩阵

题项	成分						
	1	2	3	4	5	6	7
Q16	0.821	—	—	—	—	—	—

题项	成分						
	1	2	3	4	5	6	7
Q20	0.819	—	—	—	—	—	—
Q17	0.814	—	—	—	—	—	—
Q19	0.81	—	—	—	—	—	—
Q18	0.807	—	—	—	—	—	—
Q15	0.79	—	—	—	—	—	—
Q21	0.694	—	—	—	—	—	—
Q2	—	0.772	—	—	—	—	—
Q3	—	0.717	—	—	—	—	—
Q6	—	0.706	—	—	—	—	—
Q1	—	0.705	—	—	—	—	—
Q4	—	0.703	—	—	—	—	—
Q5	—	0.702	—	—	—	—	—
Q33	—	—	0.808	—	—	—	—
Q30	—	—	0.769	—	—	—	—
Q32	—	—	0.761	—	—	—	—
Q31	—	—	0.744	—	—	—	—
Q34	—	—	0.674	—	—	—	—
Q9	—	—	—	0.86	—	—	—
Q8	—	—	—	0.848	—	—	—
Q7	—	—	—	0.844	—	—	—
Q10	—	—	—	0.8	—	—	—
Q23	—	—	—	—	0.842	—	—
Q25	—	—	—	—	0.832	—	—
Q22	—	—	—	—	0.829	—	—
Q24	—	—	—	—	0.823	—	—
Q13	—	—	—	—	—	0.846	—
Q12	—	—	—	—	—	0.814	—
Q14	—	—	—	—	—	0.802	—
Q11	—	—	—	—	—	0.787	—
Q28	—	—	—	—	—	—	0.799
Q29	—	—	—	—	—	—	0.79

题项	成分						
	1	2	3	4	5	6	7
Q26	—	—	—	—	—	—	0.715
Q27	—	—	—	—	—	—	0.63
特征值	13.965	3.316	2.225	1.916	1.801	1.634	1.175
各因子解释的方差（%）	15.76	11.714	10.721	10.521	9.812	9.715	8.322
累积解释的方差（%）	15.76	27.474	38.195	48.175	58.528	68.242	76.564

表5-6　量表解释的总方差

成分	初始特征值			提取平方和载入			旋转平方和载入		
	合计	方差的（%）	累积（%）	合计	方差的（%）	累积（%）	合计	方差的（%）	累积（%）
1	13.965	41.074	41.074	13.965	41.074	41.074	5.358	15.76	15.76
2	3.316	9.753	50.828	3.316	9.753	50.828	3.983	11.714	27.474
3	2.225	6.544	57.372	2.225	6.544	57.372	3.645	10.721	38.195
4	1.916	5.636	63.008	1.916	5.636	63.008	3.577	10.521	48.715
5	1.801	5.296	68.304	1.801	5.296	68.304	3.336	9.812	58.528
6	1.634	4.805	73.11	1.634	4.805	73.11	3.303	9.715	68.242
7	1.175	3.455	76.564	1.175	3.455	76.564	2.829	8.322	76.564

三、相关性分析

在表5-7中，通过检验可以看出定制服装品牌忠诚度研究的七个维度在P<0.01上显著性水平正相关。品牌形象与品牌个性、感知体验、感知质量、感知价值、顾客满意度与品牌忠诚度的相关系数分别为0.505、0.422、0.589、0.523、0.598、0.575，品牌个性与感知体验、感知质量、感知价值、顾客满意度与品牌忠诚度的相关系数分别为0.450、0.383、0.317、0.615、0.511；感知体验与感知质量、感知价值、顾客满意度与品牌忠诚度的相关系数分别为0.396、0.415、0.560、0.475；感知质量与感知价值、顾客满意度与品牌忠诚度的相关系数为0.596、0.560、0.534；感知价值与顾客满意度和品牌忠诚度的相关系数为0.545、0.534；顾客满意度与品牌

忠诚度的相关系数为0.646。所以，柔性化定制趋势下定制服装品牌忠诚度的品牌形象、品牌个性、感知体验、感知质量、感知价值、顾客满意度和品牌忠诚度七个维度之间存在显著的两两正相关，证明了顾客品牌服装定制的各感知维度存在关系，可构建结构方程。

表5-7　定制服装品牌忠诚度各维度相关性分析

项目	品牌形象	品牌个性	感知体验	感知质量	感知价值	顾客满意度	品牌忠诚度
品牌形象	1	—	—	—	—	—	—
品牌个性	0.505**	1	—	—	—	—	—
感知体验	0.422**	0.450**	1	—	—	—	—
感知质量	0.589**	0.383**	0.396**	1	—	—	—
感知价值	0.523**	0.317**	0.415**	0.596**	1	—	—
顾客满意度	0.598**	0.615**	0.560**	0.560**	0.545**	1	—
品牌忠诚度	0.575**	0.511**	0.475**	0.534**	0.534**	0.646**	1

注　**代表P值且相关系数在0.01水平（双侧）上显著相关。

四、中介作用检验

（一）感知价值在品牌形象、品牌个性、感知体验、感知价值与品牌忠诚度之间的中介效应分析

1.模型适配度评价

本文采用验证性因子分析来检验模型的拟合度（Hair et al，2010）。不同类别的模型拟合指数可以从模型的复杂性、样本量、相对和绝对的理论模型来衡量，Amos软件中提供了各种模型的拟合指数标准。评价测量模型拟合的标准包括拟合优度指数（GFI）、比较拟合指数（CFI）、近似误差均方根（RMSEA）、塔克-刘易斯指数（TLI）、简约规范拟合指数（PNFI）、X^2自由度比（CMIN/DF）、调整后的比较拟合指数（PCFI）、调整后的规范拟合指数（PNFI）。运用Amos软件，得到初始模型的拟合值，结构方程整体适配度的评价指标体系及拟合结果如表5-8所示。

表5-8　结构方程整体适配度的评价指标体系及拟合结果

统计检验量		含义	评价标准
绝对拟合指数	CMIN/DF	X^2自由度比	$X^2<3$，越小越好
	GFI	拟合优度指数	GFI>0.9
	RMSEA	近似误差均方根	<0.08（尚可），<0.05较好，且越小越好
相对拟合指数	NFI	规范拟合指数	NFI>0.9且越接近1越好
	IFI	增量拟合指数	IFI>0.9且越接近1越好
	TLI	塔克-刘易斯指数	TLI>0.9且越接近1越好
	CFI	比较拟合指数	GFI>0.9且越接近1越好
信息指数	PCFI	调整后的比较拟合指数	PCFI>0.5
	PNFI	调整后的规范拟合指数	PNFI>0.5

表5-9用结构方程拟合了感知价值对品牌形象、品牌个性、感知体验、感知质量和品牌忠诚度之间的中介作用影响，X^2自由度比CMIN/DF为2.171符合CMIN/DF小于0.3的要求；近似误差均方根RMSEA值为0.061，满足RMSEA值小于0.08的要求；增量拟合指数IFI为0.941，塔克-刘易斯指数TLI为0.934，比较拟合指数CFI为0.941，符合IFI、CFI与TLI均大于0.9的要求。调整后的比较拟合指数PCFI和调整后的规范拟合指数PNFI分别为0.804和0.844，均符合大于0.5的要求。拟合指标的结果表明，感知价值在品牌形象、品牌个性、感知体验、感知质量与品牌忠诚度之间的中介效应的结构方程模型拟合效果较好。

表5-9　感知价值中介效应的结构方程模型拟合

统计检验量		数值	结果
绝对拟合指数	CMIN/DF	2.171	合格
	RMSEA	0.061	合格
相对拟合指数	IFI	0.941	合格
	TLI	0.934	合格
	CFI	0.941	合格
信息指数	PCFI	0.804	合格
	PNFI	0.844	合格

2. 感知价值在各变量与品牌忠诚度之间的中介效应

根据以上标准，表5–10为感知价值中介效应的结构方程路径解析结果：品牌形象（X1）、感知体验（X3）、感知质量（X4）对感知价值（M1）的路径系数分别为0.363、0.22、0.42，P值均小于0.05，说明品牌形象、感知体验、感知质量可以提高感知价值。因此，假设H1b、H3b、H4b成立。而品牌个性（X2）对感知价值的路径系数为-0.046，但P值大于0.05，说明其不能提高感知价值，故假设H2b不成立。感知价值（M1）对品牌忠诚度（Y）的路径系数为0.151，P值小于0.05，说明提高用户的感知价值可以提高品牌忠诚度，因此假设H1C成立。感知价值在品牌形象、感知体验、感知质量对品牌忠诚度中起到中介作用，因此假设H1a、H3a、H4a成立；在品牌个性对品牌忠诚度的关系中未起到中介作用，故假设H2a不成立。品牌形象（X1）、品牌个性（X2）、感知体验（X3）、感知质量（X4）对品牌忠诚度（Y）的路径系数分别是0.346、0.176、0.171、0.136，说明提高品牌形象、品牌个性、感知体验、感知质量可直接作用并提高品牌忠诚度（图5–1）。

柔性化定制趋势下定制服装品牌忠诚度驱动因素研究

表5–10　感知价值中介效应的结构方程模型路径分析

路径	估值	标准误差	临界比值	显著性
M1←X4	0.42	0.083	5.035	***
M1←X3	0.22	0.07	3.155	0.002
M1←X2	-0.046	0.057	-0.798	0.425
M1←X1	0.363	0.118	3.064	0.002
Y←X1	0.346	0.096	3.584	***
Y←X2	0.176	0.046	3.848	***
Y←X3	0.171	0.056	3.032	0.002
Y←X4	0.136	0.068	1.999	0.046
Y←M1	0.151	0.051	2.969	0.003

注　***表示P在0.001水平上显著。

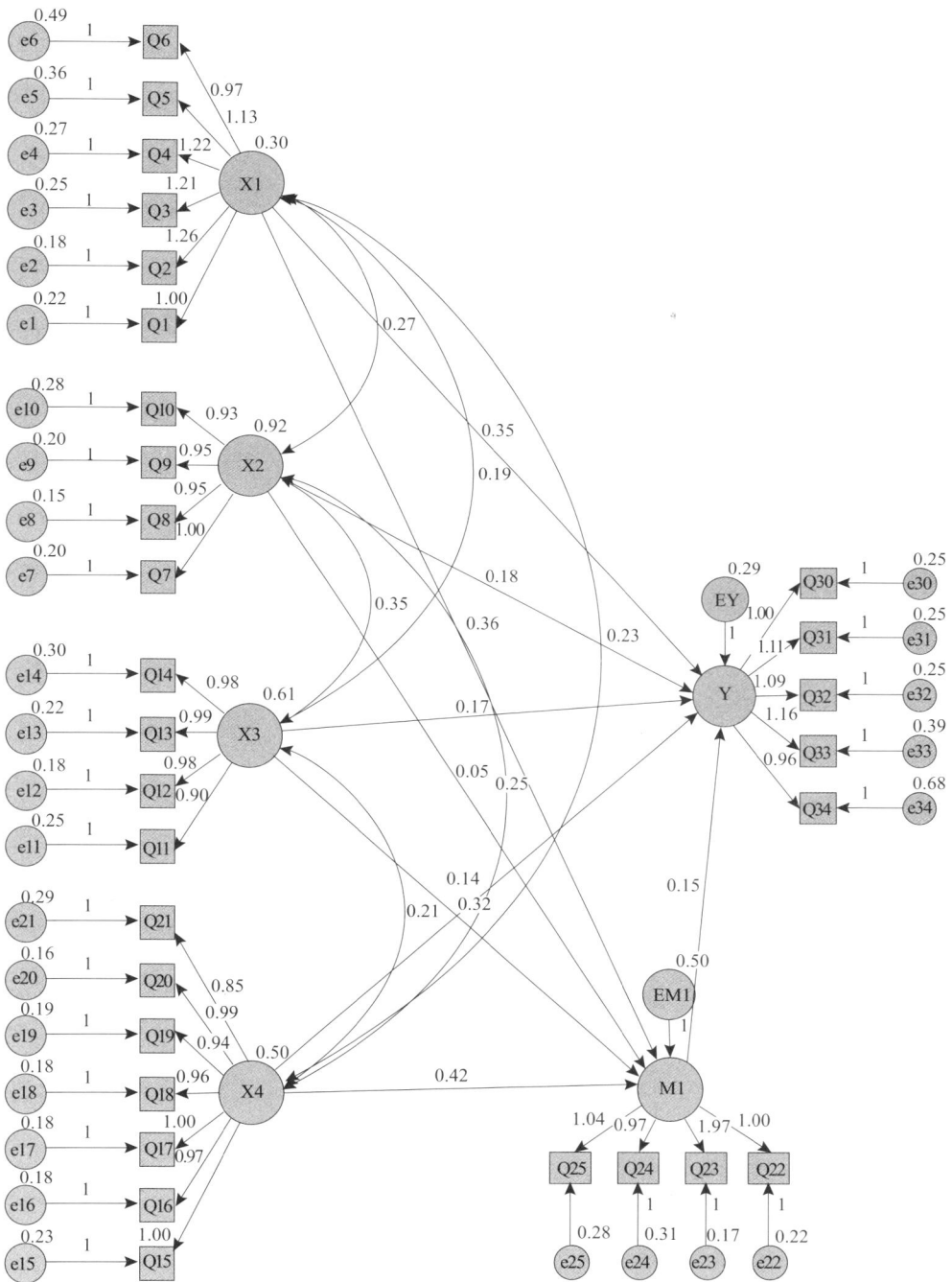

图5-1 感知价值作为中介变量的中介效应模型

（二）顾客满意度在品牌形象、品牌个性、感知体验、感知价值与品牌忠诚度之间的中介效应分析

1. 模型适配度评价

表5-11为顾客满意度在品牌形象、品牌个性、感知体验、感知价值与品牌忠诚度之间的中介效应的结构方程模型拟合结果，X^2自由度比CMIN/DF为2.182，符合CMIN/DF小于0.3的要求；近似误差均方根 RMSEA 为0.061，符合 RMSEA 小于0.08的要求；增量拟合指数IFI 为0.941，塔克-刘易斯指数TLI 为0.934，比较拟合指数CFI 为0.941，符合IFI、CFI与TLI均大于0.9的要求。调整后的比较拟合指数PCFI和调整后的规范拟合指数PNFI 分别为0.804和0.843，均符合大于0.5的要求。拟合指标的结果表明，顾客满意度在品牌形象、品牌个性、感知体验、感知价值与品牌忠诚度之间的中介效应的结构方程模型拟合效果较好。

表5-11 顾客满意度中介效应的结构方程模型拟合

统计检验量		数值	结果
绝对拟合指数	CMIN/DF	2.182	合格
	RMSEA	0.061	合格
相对拟合指数	IFI	0.941	合格
	TLI	0.934	合格
	CFI	0.941	合格
信息指数	PCFI	0.804	合格
	PNFI	0.843	合格

2. 顾客满意度在各变量与品牌忠诚度之间的中介效应

表5-12为顾客满意度中介效应的结构方程模型路径分析结果，品牌形象（X1）、品牌个性（X2）、感知体验（X3）、感知质量（X4）对顾客满意度（M1）的路径系数分别为0.259、0.383、0.389、0.187，*P*值均小于0.05，说明品牌形

象、品牌个性、感知体验、感知质量，均可以提高顾客满意度。因此，假设H5b、H6b、H7b、H8b成立。顾客满意度（M2）对品牌忠诚度（Y）的路径系数为0.141，P值小于0.05，说明提高顾客满意度，可以提高品牌忠诚度，故假设H5c成立。顾客满意度在品牌形象、品牌个性、感知体验、感知质量对品牌忠诚度中起到中介作用，故假设H5a、H6a、H7a、H8a成立。品牌形象（X1）、品牌个性（X2）、感知体验（X3）、感知质量（X4）对品牌忠诚度（Y）的路径系数分别是0.365、0.115、0.148、0.173，说明提高品牌形象、品牌个性、感知体验、感知质量可提高品牌忠诚度（图5-2）。

表5-12　顾客满意度中介效应的结构方程模型路径分析

路径	估值	标准误差	临界比值	显著性
M2←X4	0.187	0.074	2.516	0.012
M2←X3	0.389	0.065	6.013	***
M2←X2	0.383	0.054	7.126	***
M2←X1	0.259	0.107	2.413	0.016
Y←X1	0.365	0.097	3.774	***
Y←X2	0.115	0.052	2.234	0.026
Y←X3	0.148	0.061	2.442	0.015
Y←X4	0.173	0.066	2.62	0.009
Y←M2	0.141	0.062	2.295	0.022

注　***表示P在0.01水平上显著。

（三）感知价值、顾客满意度与品牌忠诚度之间的关系研究及中介效应分析

1. 模型适配度评价

表5-13为感知价值、顾客满意度与品牌忠诚度之间中介效应的结构方程模型拟合结果，X^2自由度比（CMIN/DF）为2.713，符合小于0.3的要求；近似误差均方根

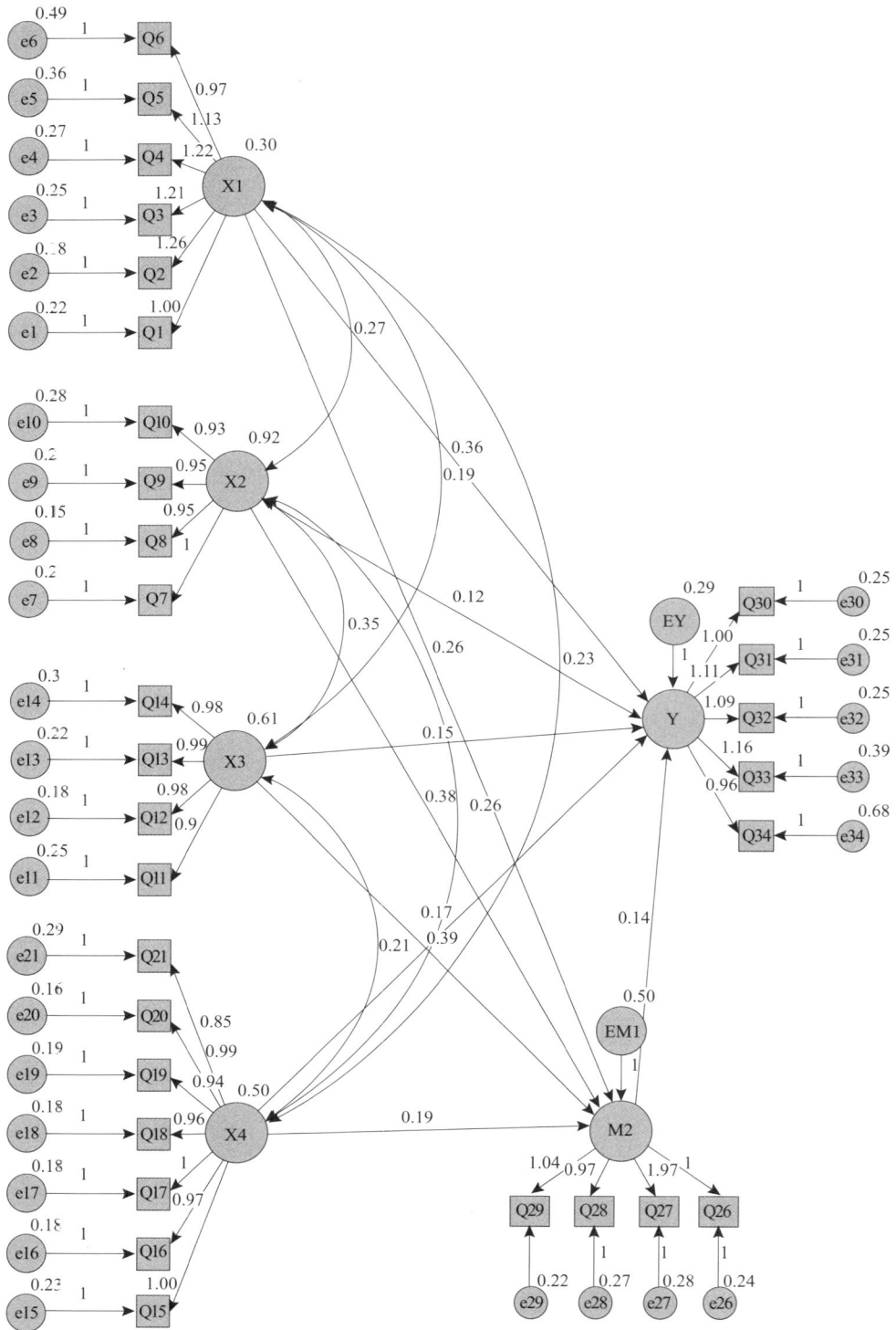

图5-2　顾客满意度作为中介变量的中介效应模型

柔性化定制趋势下定制服装品牌忠诚度驱动因素研究

RMSEA 为 0.074，符合 RMSEA 小于 0.08 的要求；增量拟合指数 IFI 为 0.969，塔克－刘易斯指数 TLI 为 0.960，比较拟合指数 CFI 为 0.969，符合 IFI、CFI 与 TLI 均大于 0.9 的要求。调整后的比较拟合指数 PCFI 和调整后的规范拟合指数 PNFI 分别为 0.732 和 0.745，均符合大于 0.5 的要求。拟合指标的结果表明，顾客满意度在品牌形象、品牌个性、感知体验、感知价值与品牌忠诚度之间的中介效应的结构方程模型拟合效果较好。

表5-13 感知价值、顾客满意度与品牌忠诚度之间的中介效应的结构方程模型拟合结果

统计检验量		数值	结果
绝对拟合指数	CMIN/DF	2.713	合格
	RMSEA	0.074	合格
相对拟合指数	IFI	0.969	合格
	TLI	0.960	合格
	CFI	0.969	合格
信息指数	PCFI	0.732	合格
	PNFI	0.745	合格

2. 顾客满意度、感知价值与品牌忠诚度之间的中介效应

表 5-14 为满意度中介效应的结构方程模型路径分析结果，感知价值（M1）对顾客满意度（M2）的路径系数为 0.448，P 值小于 0.05，说明提高感知价值可提高顾客满意度，假设 H9b 成立。顾客满意度（M2）对品牌忠诚度（Y）的路径系数是 0.4，P 值小于 0.05，说明顾客满意度对品牌忠诚度有正向影响作用。顾客满意度在感知价值对品牌忠诚度中有明显的中介作用，假设 H9a 成立（图5-3）。感知价值（M1）对品牌忠诚度（Y）的路径系数是 0.215，P 值小于 0.05，说明提高感知价值可提高品牌忠诚度。

表5-14 满意度中介效应的结构方程模型路径分析结果

路径	估值	标准误差	临界比值	显著性
M2←M1	0.448	0.055	8.186	***
Y←M2	0.4	0.053	7.6	***
Y←M1	0.215	0.047	4.566	***

注 ***表示P在0.01水平上显著。

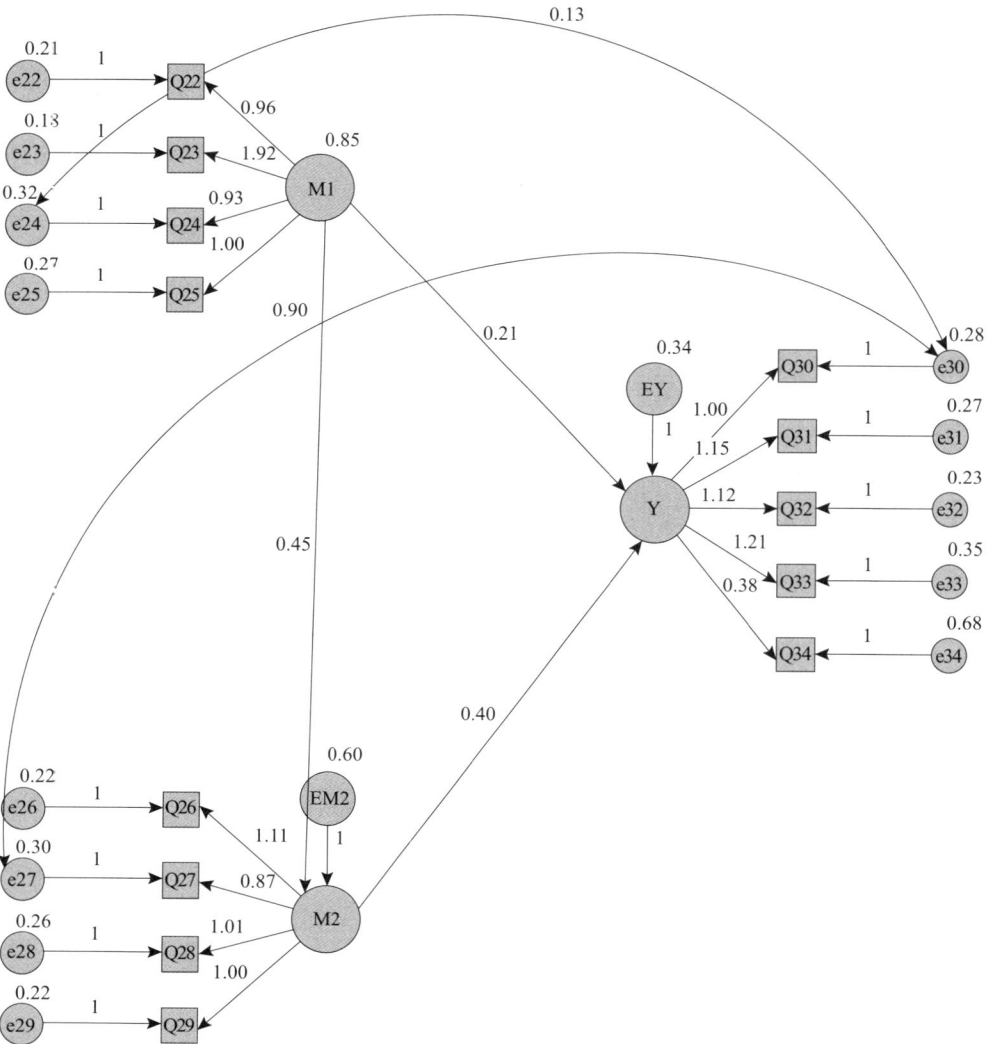

图5-3 顾客满意度在感知价值与品牌忠诚度之间的中介效应模型

第三节 全模型检验结果

在评估模型的拟合度之前，应该先通过检查负的"违法估计"确定该估算系数是否超过了可接受的限度。参照小约瑟夫·海尔（Hair. Joseph F）等人在《多元数据分析》（1998）❶中的定义，违反估计的项目有：负的误差方差存在和标准化Hair. Joseph F系数超过或太接近1（通常 <0.95）。

利用Amos 23.0对本研究的数据进行处理分析，可以得到标准化回归系数和模型中误差方差的测量误差值，如表5-15所示。从表5-15可以看出，模型中的标准化系数值的绝对值均低于0.95，结果表明该模型未发生偏离，没有出现违反估计的情况；同时也发现，模型中的标准化的误差方差的测量误差值（Standard Error，S.E.）不存在负方差，从而能够检验整个模型的拟合性。

表5-15　整体方程模型校验结果

路径	估值	标准误差	临界比值	拟合度
M1←X1	0.363	0.119	3.065	0.002
M1←X2	−0.046	0.057	−0.801	0.423
M1←X3	0.219	0.069	3.152	0.002
M1←X4	0.42	0.083	5.035	***
M2←X1	0.204	0.108	1.882	0.06
M2←X2	0.391	0.053	7.338	***

❶ 小约瑟夫·海尔，比约克·安德森，塔塔姆，等. 多元数据分析［J］. 新泽西州：普林蒂斯·霍尔出版社，1998.

路径	估值	标准误差	临界比值	拟合度
M2←X3	0.356	0.065	5.472	***
M2←X4	0.122	0.077	1.577	0.115
M2←M1	0.156	0.058	2.709	0.007
Y←X1	0.322	0.096	3.348	***
Y←X2	0.131	0.051	2.554	0.011
Y←X3	0.128	0.06	2.139	0.032
Y←X4	0.121	0.067	1.794	0.073
Y←M2	0.115	0.061	1.868	0.062
Y←M1	0.133	0.051	2.61	0.009

其模型拟合度各项指标如表5-16所示，从表中可以看出，模型拟合的各项参考指标值如下：X^2自由度比为2.235<3，在0.1水平上显著；IFI（增量拟合指数）、TLI（塔克-刘易斯指数）、CFI（比较拟合指数）均高于0.9的参考值。同时，RMSEA（近似误差均方根）为0.062小于0.08的参考值；PCFI和PNFI分别为0.840和0.796，这两个指标都在0.5参考值以上。上述各项参数均满足要求，说明所建模型的拟合结果良好，原始模式在解释变量间的相关性方面表现良好。

表5-16 拟合指标

拟合指标
X^2自由度比（Minimum Fit Function Chi-square/Degree of freedom）=2.235（$P<0.1$） 近似误差均方根（Root Mean Square Error of Approximation）=0.062 规范拟合指数（Normed Fit Index）=0.796 比较拟合指数（Comparative Fit Index）=0.931 增量拟合指数（Incremental Fit Index）=0.932 塔克-刘易斯指数（Tucker-Lewis Index）=0.924 调整后的比较适配指数（Parsimonious Comparative-Fit-Index）=0.840 调整后的规范拟合指数（Parsimonious Normed Fit Index）=0.796

根据以上分析，得出研究结果，如表5-17所示。

表5-17   研究结果

假设	内容	结果
H1a	感知价值在品牌形象与品牌忠诚度之间起中介作用	成立
H1b	品牌形象直接影响感知价值	成立
H1c	感知价值直接影响品牌忠诚度	成立
H2a	感知价值在品牌个性与品牌忠诚度之间起中介作用	不成立
H2b	品牌个性直接影响感知价值	不成立
H3a	感知价值在感知体验与品牌忠诚度之间起到了中介作用	成立
H3b	感知体验直接影响感知价值	成立
H4a	感知价值在感知质量与品牌忠诚度之间起到了中介作用	成立
H4b	感知质量直接影响感知价值	成立
H5a	顾客满意度在品牌形象与品牌忠诚度之间起到了中介作用	成立
H5b	品牌形象正向影响顾客满意度	成立
H5c	顾客满意度正向影响品牌忠诚度	成立
H6a	顾客满意度在品牌个性与品牌忠诚度之间起到了中介作用	成立
H6b	品牌个性正向影响顾客满意度	成立
H7a	顾客满意度在感知体验与品牌忠诚度之间起到了中介作用	成立
H7b	感知体验正向影响顾客满意度	成立
H8a	顾客满意度在感知质量与品牌忠诚度之间起到了中介作用	成立
H8b	感知质量正向影响顾客满意度	成立
H9a	顾客满意度能中介感知价值对品牌忠诚度的直接正向影响	成立
H9b	顾客感知价值正向影响顾客满意度	成立

为了研究定制服装品牌忠诚度，本研究从顾客感知价值和顾客满意度两个方面对定制服装品牌忠诚度的影响机理和形成机制进行了深入探讨，同时也检验了品牌形象、品牌个性、感知质量、感知体验通过顾客感知价值与顾客满意度对品牌忠诚度的作用机制。本研究通过对国内外有关文献的整理，结合政府提出的柔性化定制趋势背景，采用文献研究、访谈、问卷调查等方法提出了研究假设并构建模型。为了便于理解模型，建立测量变量题项并通过调查问卷进行数据收集，进而通过对各测量变量题项的检验，得到一种既有信度又有效度的测量工具。最后通过正式调研问卷对定制服装的顾客感知价值和顾客满意度与品牌忠诚度之间关系的基本驱动模型进行了实证检验，通过因子分析、相关性分析和回归分析探讨了该情境下品牌形象、品牌个性、感知质量、感知体验、感知价值、顾客满意度各因素对品牌忠诚度的影响作用，并通过结构方程模型验证了研究假设。

基于上述理论和实证分析，本章首先归纳了本研究的主要结论。在此基础上，提出定制服装品牌和企业未来在提高顾客感知价值和顾客满意度、品牌忠诚度三个方面应该做出的努力和营销建议，并阐述了本研究的理论贡献和实践意义。最后提出了目前研究所存在的问题与缺陷，并对未来研究的发展前景做了预测。

▌第一节　本研究的研究结论

本研究的研究结果对品牌形象、品牌个性、感知质量、感知体验四个方面对定制服装的顾客感知价值和顾客满意度的影响进行归纳，并说明定制服装顾客感知价值和顾客满意度二者之间的关系，最后将各要素对品牌忠诚度的影响及其强度进行总结。

第一，本研究探讨了6个对定制服饰品牌忠诚度起积极作用的正向驱动因子。在此基础上，对定制服饰品牌忠诚度和其影响因素进行了分析并对定制服饰品牌忠诚度的形成机制进行了探讨。研究表明，定制服装品牌的品牌形象、品牌个性、感知体验、感知质量、顾客满意度、感知价值是影响定制服装品牌忠诚度的6个正向的推动因素。在不同的6个影响因素当中，顾客满意度是对品牌忠诚度影响最大的因素，而不是感知价值。这一结论与许多学者的结论相吻合，即顾客满意度与品牌忠诚度有显著的正向关系。研究的7个潜变量之间建立的20个理论假定中有18个得到了证实、2个不予支持，明确了各潜变量（品牌形象、品牌个性、感知体验、感知质量、顾客满意度、感知价值）之间的内在联系，以及各潜变量之间的直接影响和间接影响。

第二，品牌形象、感知体验和感知质量都会通过顾客满意度与感知价值间接地影响品牌忠诚度。但是，不同的因素对定制服装的品牌忠诚度有不同的效果。在没有引入顾客满意度和感知价值这两个中间变量的情况下，仅考虑品牌形象、感知体验以及感知质量对品牌忠诚度的影响，这三个因素都会对品牌忠诚度产生直接的影响并在0.05水平和0.01水平上显著；当顾客满意度和感知价值两个变量被引入以后，品牌形象、感知体验、感知质量不能直接影响品牌忠诚度，而是通过这两个中介因素对品牌忠诚度产生间接的影响。顾客满意度和感知价值是影响品牌形象、感知体验、感知质量和品牌忠诚度的重要中介变量并起到部分中介作用，具有显著的中介效应。同时，本研究也惊奇地发现，定制服装品牌个性对感知价值和顾客满意度的影响是不同的，品牌个性对感知价值不起作用，且不通过感知价值对品牌忠诚度起作用。但是，品牌个性对顾客满意度起正向积极作用，且通过顾客满意度的中介作用间接作用于品牌忠诚度。

第三，品牌形象、品牌个性、感知体验和感知质量对顾客感知价值及顾客满意度的影响有显著差异。本文的研究表明，在顾客对定制服装品牌进行选择的过程中，首先，对顾客感知价值影响最大的是感知质量（0.42），这符合比约克（Björk）2019年对定制运动服的研究结果，即品牌质量被认为是影响定制运动服价值的最重要因素。定制服装的质量可以通过使用色牢度比较好的面料、良好的工艺、品牌的服务等来表达。结果显示，消费者都希望投资一款外观时尚、工艺精湛、经久耐用、合体舒适以及拥有良好品牌服务的产品，而不管其价格是否高于竞争品牌。其次，对顾客感知价值有影响的是品牌形象（0.363），这与之前贝尔（Biel，1993）、黄杰等（2016）、秦辉等（2011）、朱江晖（2015）的研究结果相似，即企业的品牌形象对消费者感知价值有很大的影响，且被认为是很重要的因子。最后，感知体验对顾客感知价值的影响强度虽然最低（0.22），但消费者仍然认为参与体验设计过程是很重要的，并且对自己的部分设计感到自豪，比约克（Björk，2019）、弗兰克等（Frank et al，2010）、梅勒（Merle，2010）的研究得出了类似的结论，即顾客感知价值是把不同环节的体验价值结合起来的。究其原因是体验中的享乐价值和创造成就价值在定制服装产品的整体感知价值中并非决定性因素，因为在柔性化定制中定制是相对的，不是绝对的。由于工艺和制板的限制，消费者还不能完全根据他们的个人偏好来对他们的设计进行完全定制，而是需要在设计师、制板师、工艺师的综合指导下完成整个定制过程。

对顾客满意度影响最大的是感知体验（0.389），这与杨正英（양정영）等人在《对咖啡店体验的满意度对行为意图的影响》（2013）[1]中对咖啡的体验研究结果是一致的，即认为影响顾客光顾咖啡店满意的最主要因素是体验。本研究认为，随

---

[1] 杨正英，全泰熙，申尚俊. 对咖啡店体验的满意度对行为意图的影响［J］. 旅游研究，2013，28（5）：157-181.

着体验需求升级，消费者从"物质满意"向"精神满意"转换，而定制服装允许消费者参与设计，不仅与顾客偏好的契合度更高，而且增加了服装款式设计的自由度。这种积极的设计体验和顾客参与设计过程并从中获得的乐趣的状态与顾客满意度密切相关，会提升顾客满意度和购买意愿。同时，消费者倾向于在定制体验中融入更多个性化需求的成就感和精神满足，并对此有持久的消费意愿，这与中企品研（Chnorand，2020）对中国顾客满意度指数的研究报告结果一致。品牌个性、品牌形象、感知质量对顾客满意度的影响呈递减趋势，同时研究也发现，感知质量对顾客满意度的影响强度最小，这与定制服装本身的特性有关。因为在定制服装开始之后，设计师会询问消费者的喜好并向消费者提供专业意见，消费者感性地认为自己的选择是符合自己风格和要求的，所以对自己的选择是满意的，在对自己的选择充分肯定的情况下，更加看重感知体验、品牌个性和品牌形象。再者，随着近年来人（消费者）、货（服装）、场（卖服装的场地）的变化，再加上消费者的消费越来越理性，且认知不断升级，消费者对定制服装的需求价值也在不断发生改变。品牌方为了获得更多消费者的忠诚，质量是其首先的承诺，在所有品牌都能做到的情况下，消费者需求慢慢地由原来的看重质量转向更看重定制服装的体验、审美、参与、性价比。这里的性价比不再是质量决定价格，也不是高价格一定会有高质量，而是顾客更看重的属性或者是消费者对认为比较重要的几个属性（定制服装的款式、面料、色彩、工艺细节）心理上有一个最低标准，即只要这几个属性能同时满足最低标准，且消费者被各个属性满足的同时被社会认同，即会认为性价比高。所以，我们觉得这是质量对满意度影响略低于其他因素的原因。

第四，定制服装品牌顾客感知价值正向影响顾客满意（0.448），这与杨志林、罗宾〔Zhilin Yang，Robin，2004）的研究结果一致。同时，顾客满意度对顾客感知价值与品牌忠诚度有一定的中介作用。仅从感知价值与品牌忠诚度之间的关系来看，感知价值（0.215）对品牌忠诚的影响作用较弱。在引入消费者满意度作为中介变量后，感知价值通过顾客满意度作为中介变量对品牌忠诚度产生间接影响。这与国内学者朱江晖等（2015），韩国学者朴孝镇、柳基相（박효진，류기상，2014）的研究结果是一致的。结果显示，感知价值对顾客满意度具有积极的影响，而顾客满意度对感知价值没有直接的影响。感知价值是产生的原因，顾客满意是产生的结果，是

价值—满意因果链，而非满意—价值因果链。

第五，定制服装的顾客感知价值、顾客满意度和品牌忠诚度基本契合一般的顾客满意理论。本研究的结果显示，定制服装消费者的顾客满意度与品牌忠诚的关系与许多学者的调查结果相吻合（Oliver，1999；Zeithaml et al，1996；Björk，2019；Chen Ching-Fu，Fu-Shian Chen，2010；Anderson，Sullivan，1993；Cronin et al，1997；Dilashenyi Selvarajah，2018），顾客满意度与品牌忠诚度是正相关关系。

第六，我国定制服装品牌的顾客感知价值、顾客满意度与品牌忠诚度与国外研究基本一致。从路径指标可以看出，路径指数稍微有些差别，表明对不同的文化、生活习惯、消费水平、职业等方面的消费者仍需区别对待，这与国外的相关研究结论基本一致。

▍第二节　本研究的理论贡献和实践意义

一、研究的理论贡献

第一，探讨了柔性化定制趋势下基于顾客感知价值和顾客满意度的定制服装品牌忠诚度的影响因素。先前有关定制服装品牌忠诚度的研究有基于顾客感知价值和顾客满意度的综合角度来分析的，但是鲜有研究品牌形象、品牌个性、感知质量和感知体验四个潜变量与感知价值、顾客满意度和品牌忠诚度之间关系的。因此，我们不能更好地理解定制服装品牌忠诚度的形成机制，而传统的品牌忠诚度理论又很难对其进行预测。本研究根据彭卉（2016）、C-CSI（Chnbrand，2015）、比约克（Björk，2019）的研究对定制服装的品牌忠诚度的影响因素从顾客满意度和感知价值的角度开展研究，并进一步分析了影响顾客满意度和感知价值的因素，在分类研究的基础上从理性和感性相结合的角度解释了柔性化定制趋势下定制服装品牌忠诚度的影响因素。本研究的角度对深入剖析定制服装品牌忠诚度的成因并揭示其对品牌忠诚度的影响方式与机制，有一定的参考价值。

第二，构建并实证了柔性化定制趋势下基于定制服装顾客满意度和感知价值的品牌忠诚度基本驱动模型。根据国内外有关方面的研究成果，研究品牌忠诚度的学者很多，但研究定制服装品牌忠诚度的学者很少，并且缺乏理论与实证研究。本研究把定制服装的顾客感知价值理论、顾客满意理论、品牌忠诚理论有机地结合在一起，并对其深入研究，运用管理学、设计学、心理学、营销学等理论，在定制服装消费者与定制服饰品牌互动过程所产生的密切联系中提炼出品牌形象、品牌个性、感知体验、感知质量四个潜变量，作为衡量定制服装顾客满意度与感知价值的主要驱动因素，且这些潜变量通过顾客满意度与感知价值间接地影响品牌忠诚度。研究根据许多学者的研究结果，对以上各因素的相互关系进行了假定，构建了定制服装的品牌忠诚理论模型，从而清晰地展现了各环节对定制服装品牌忠诚度的影响。以上的研究结果显示，在柔性定制趋势下，对某品牌定制服装产品和服务钟情的顾客会重复购买、推荐给他人，并且愿意为溢价（成本的增加或者是炫耀溢价）支付更高的价格，这是由于顾客在过去的定制体验中，对其"卓越的产品价值、服务价值、信赖价值、体验价值、个性价值"等非常理解和满足。因此，研究所建立的理论模型可为国内定制化服装产业的实证研究提供参考。

第三，根据目前消费升级的大环境和顾客千人千面的个性化特征，本研究对顾客个性化定制服装品牌忠诚度的相关理论进行了实证分析并得出了结论。现代营销已经把忠诚的顾客列入品牌的资产，如何将这部分资产牢牢地掌握住并且用有效的手段和途径来不断地提升这部分资产的额度？本研究为定制服装的营销实践命题提供了理论基础。

二、研究的实践意义

通过对定制服装的品牌形象、品牌个性、感知质量、感知价值、顾客满意度等多方面一体化的努力，全方位实施柔性化定制趋势下定制服装品牌忠诚度的驱动策略。

研究表明，品牌忠诚度是一个动态、变化的因素，但由于其受多种前提条件的作用而产生，其关系是建立在顾客与品牌之间关系结构之上的，这种关系并不是直接建立的，而是定制服装消费者通过需求分析、比较选择、服装设计、服装制板、服装制作、服饰搭配等多环节，经过多次交易而形成的，关系一旦形成就会相对稳定。品牌忠诚度的培育是一个复杂而渐进的过程，一个弱小的定制服装品牌不可能在一夜之间就建立起广泛的品牌忠诚度。相对而言，强大的品牌在短期内也不会失去大量消费者对品牌的忠诚。要实现消费者从对定制服装的购买行为转化为品牌导向的购买行为，必然要从顾客进行定制前的咨询、信息比较，即品牌形象好坏和品牌个性是否符合其风格入手，到顾客参与设计、体验制作与全程的质量监督，即感知体验与感知质量的过程感受，最后到定制结束后的售后及各种附加服务等多方面进行一体化的整合努力，从而提升消费者的品牌忠诚度。具体包括以下方面。

第一，消费者通过品牌形象对定制服装品牌和产品有所了解，反过来，即良好的社会形象和口碑在某种程度上影响消费者的认知。因此，企业要积极采取有效的策略与消费者进行沟通，如提高公司的研发能力与口碑、为定制消费者提供多种定制方案以供其选择、为顾客提供个性化的定制服务以及便利的服务设施，并在消费者心中树立积极的形象，通过提升企业的品牌形象，实现顾客感知价值的提高，从而促使顾客满意度向品牌忠诚度转化。

第二，消费者之所以选择定制服装而不是选择标准化的服装，除了想要高质量的产品和服务外，还寻求独特性。服装行业的定制允许消费者根据自己的个性、性别、生活方式和个人目标来设计产品，以符合或抵制社会规范，以及在各种社会角色、场合和职业中被接受，消费者希望定制服装风格与自己气质相匹配的同时能维护并表达自己的个性。服装定制品牌要了解目标消费群体的生活方式，通过向消费者传达独特的设计风格和品牌文化与消费者产生情感共鸣，并且定制服装的风格要具备良好的延续性以期自身的品牌个性能与消费者个性尽可能地融合。

第三，定制服装品牌要提高定制服装的产品质量和服务质量。解决服务的质量和深度是定制服装顾客满意的重点，而定制服装的质量是重中之重。作为定制服装品牌，为顾客提供色牢度比较好的面料、合体的板型、良好的工艺、耐穿以及优质的服务是提高顾客满意度的重要因素。消费者也会因为企业提供了优质的产品和服务而再次购买并向他人积极推荐。

第四，增加用户体验，包含设计体验、享乐体验、服务体验等。随着消费者体验需求升级，定制服装允许消费者根据自己的个性、品位和个人偏好来设计服装的款式和风格，也可以在品牌设计师提供的基本设计和标准尺寸的基础上根据自己的风格改变服装的颜色、廓型和装饰细节，消费者倾向于在体验中融入更多由品质、愉悦、美好和健康带来的精神满足，并对此有持久消费的意愿。品牌要积极识别消费者的个性需求，并围绕其生活方式、场景开展体验旅程的设计与管理，通过提供高品质的产品及服务，协助顾客塑造自己，并与顾客建立紧密的品牌联系，从而形成强大的竞争屏障，为品牌建立强有力的竞争壁垒。

第五，感知价值是相对于产品质量和服务的支付价格或客户体验的物有所值方面的对产品质量的感知水平。当消费者对品牌提供的产品和服务感到物有所值或物超所值时，消费者会对产品/服务产生顾客满意情绪，直接影响其购买意愿。仅仅因为消费者对产品或者服务满意，并不意味着该产品或服务具备一个好的价值，因为消费者认为，如果获得的产品或服务的成本过高，价值就降低。如果产品能够提供给消费者想要的价值，其会对该产品表现出更大的满意度，即消费者会更愿意购买并推荐该产品。

▍第三节　研究的局限性与研究方向

一、研究的局限性

随着市场与消费者需求的不断变化，通过对本研究的研究分析，发现本研究存在以下几个方面的不足之处。

第一，"品牌忠诚"是根据产品的种类而变化的。不同品牌、不同产品对消费者品牌忠诚度的影响不同，影响其品牌忠诚度的因素也不尽相同。本研究主要探讨了柔性化定制趋势下定制服装的品牌形象、品牌个性、感知体验、感知质量、顾客满意度、感知价值对品牌忠诚度的影响。而在实际消费过程中，由于无法严格控制其他变量，所以某些方面我们的研究结果会有很大的局限性。因此，本研究的相关结论仅针对中档服装消费品牌的调查数据得出，能否推广到其他品牌不同风格、不同档次的不同产品具有不确定性。

第二，随着定制服装市场细分形式的细化，消费者从消费价格、年龄、风格等几大类别演变为多层次的众多小众消费群体。由于人员和资金方面的原因，本研究并没有对线上定制和线上定制线下体验的消费方式进行分类，也未对消费者进行非常精细的分类。例如风格偏好、消费者需求场景等；再如定制服装具体到是哪个消费群体在消费，是专业的时尚人群的定制还是需要为自己提出一个解决方案的消费群体，是有服装教育背景及其相关专业的顾客还是没有教育经历的人，并且只对400～2000元的中档定制服装的品牌忠诚度进行了调查和实证，未能对其他类别如高档服装、高级定制、亲子定制、运动装定制及专业运动员服装定制等类别进行研究。因此，研究结论在其他服装类别的适用性还有待进一步验证。

第三，问卷设计虽然参考了现有文献的一些信息，但是并没有一个完全适合定制服装品牌忠诚度影响因素的权威问卷。虽然结合现有问卷并根据一些专家学者的建议进行了修改，但是仍然存在着一定的限制。例如在数字技术迅速发展的今天，数字化定制顾客的数量不断增加，人机交互信息交换过程中等会产生各种各样的问题，在这个过程中消费者对企业和品牌可能会提出更多的问题和要求，所以问卷也应是与时俱进的，在未来的研究中问卷也会发生改变，且样本采集仅限于网络进行的自愿样本采集，未采取线下收集并未和所有回答问卷的消费者详细沟通。因此，问卷、样本仍有一定的局限性。

第四，品牌忠诚的形成与发展在不断变化，随着消费者对品牌忠诚度的态度发生改变，而不是从一而终的。本研究仅对某一特定时期的特定群体进行统计并进行了静态分析。实际生活中，老顾客穿一个品牌风格的服装时间久了就会想尝试别的风格，新顾客也不一定一直喜欢该品牌的风格。再如，由于某些原因，之前喜欢流行款的消费者减少了应酬和社交，转而爱上了户外、健身等运动，因此消费者由原来忠诚的流行服装品牌转向了户外和运动服装品牌，这是大环境造成的。品牌惊奇地发现自己的竞争对手由原来的流行品牌变成了运动休闲品牌，在此情境下，品牌该如何做以留住老顾客？是继续原来的设计尽力挽留原来忠诚的顾客还是根据当下消费者的需求改变设计定位和设计风格？这是服装品牌未来需要考虑的内容。

本研究仅针对柔性化定制趋势下的消费在400～2000元的在线定制消费者的定制服装品牌忠诚问题进行了初步的探索，未来将在此基础上进行更深入的研究，并对其发展机理进行深入探讨。

二、未来研究的方向

梁道雷（2018）、杨雅丽等（2019）、朱伟明等（2020）利用数字化手段分别对数字经济驱动的服装设计与营销方式的智能化、场景体验、定制平台进行研究，为服装数字智能定制企业发展提供参考；再加上当前国家第十四个五年规划提出的"加快数字化发展，建设数字中国"的目标，服装企业和服装品牌将面临严峻的挑战，但同时也是机遇。部分学者已经开始对服装企业进行数字化转型的路径研究。那么未来如何更好地做到定制服装的个性化、便捷化、交期短以吸引更多的忠诚顾客？"数字化定制＋柔性化生产＋个性设计＋场景式的体验营销"是服装定制的最高形式且是其未来的发展方向。

第一，本研究并未考虑现实生活中可能影响消费者定制服装品牌忠诚度的诸多变量，包括消费环境、购买环境、转换成本、交付期限、定制平台、场景体验等，可以以上述变量进行更加细化的研究，也可以对中档品牌与高档品牌的定制服装品牌忠诚度在建立多元的综合模式的基础上，进行差别比较研究。基于上述思考，在未来的研究中，一方面对不同风格的不同产品、不同价格层次以及不同定制方式（数字定制、传统定制、O2O）的定制服装消费者品牌忠诚度的影响因素进行分类研究；另一方面对定制的不同渠道进行研究，尤其是短视频的流行，使众多品牌纷纷走上了主播带流量的营销道路，由过去的开店等客变为现在的开播引流，主播在直播的过程中如何带动消费者情绪，在从消费者没有需求到蠢蠢欲动最后到成功创造需求的整个过程中，情绪价值对消费者感知价值和顾客满意起到了正向引导作用，而有哪几个情绪也是其未来研究的方向。

第二，本研究通过对固定时间点上的变量关系进行分析，并没有对定制服装消费者的忠诚意向进行持续的追踪分析。未来的研究中会对动态时间点上的变量关系进行分析，在对定制服装消费者的态度、行为以及需求进行连续观察后，再来解释各个变量因素对品牌忠诚度的作用，从而得出更好的结论。未来研究中扩大样本量的同时需将消费者和企业影响层面外的因素考虑进来，以便得到更加全面而深入的研究结果。

第三，随着"互联网+"的迅速发展，数字化定制服装品牌发展至今，消费者需求多样化，品牌差异化特征也日渐明显。而服装类产品作为网络购物的第一大类，其销售渠道已扩展到了 C2C、B2C、O2O、虚拟试衣室等，新模式和新技术的融合，使得手机市场的销量快速增长，内部结构得到了优化，其发展空间和潜力很大。定制服装品牌未来需要对品牌产品结构进一步细分，从产品价格、产品风格、产品类别，以及消费者心中的信任、选择和需求等方面，满足高端定制、大众定制及快时尚品牌定制的共同发展，满足不同消费水平、不同群体在不同场合的实质需求。同时，服装品牌之间的跨品牌与跨领域合作是品牌发展、转型、提升的重要手段。在定制服装品牌中，随着消费者消费理念和生活方式的转变，其个性化需求不断提高，定制服装品牌可通过与其他服装相关品牌或其他领域合作的方式注入新的血液来达到创新的目的。对于服装定制品牌跨界合作模式下如何让消费者对品牌保持较高的忠诚度，也是其未来研究的方向。

参考文献

一、中文参考文献

［1］叶晓楠. 柔性制造 中国智造［J］. 决策探索（上），2021（1）：34-35.

［2］范秀成，郑秋莹，姚唐，等. 顾客满意带来什么忠诚？［J］. 管理世界，2009（2）：83-91.

［3］董大海，权晓妍，曲晓飞. 顾客价值及其构成［J］. 大连理工大学学报（社会科学版），1999（4）：18-20.

［4］张月莉. 复杂行为模式下品牌忠诚度形成与发展研究［D］. 上海：上海交通大学，2007.

［5］罗海成. 服务业顾客忠诚研究［M］. 天津：南开大学出版社，2006.

［6］汪纯孝，岑成德，王卫东，等. 顾客满意程度模型研究［J］. 中山大学学报（社会科学版），1999（5）：92-98.

［7］马化腾. 数字化将全面提升国人生活品质［J］. 中国企业家，2018（13）：20-21.

［8］程国平，曾澍湘. 21世纪的主流生产模式：大规模定制［J］. 科技进步与对策，2003（S1）：56-57.

［9］秦辉，邱宏亮，吴礼助. 运动鞋品牌形象对感知—满意—忠诚关系的影响研究［J］. 管理评论，2011，23（8）：93-102.

［10］蒋廉雄，卢泰宏. 形象创造价值吗？［J］. 管理世界，2006（4）：106-129.

［11］胡媛媛. 服装品牌形象对消费者购买意愿的影响研究［D］. 兰州：甘肃政法学院，2018.

［12］宋宪捷，周建军. 贝尔模型基于线上冲击在服装品牌形象中的应用［J］. 国际纺织导报，2017，45（8）：62-65.

二、英文参考文献

［ 1 ］ Anderson J C, Narus J A. Business marketing: understand what customers value ［ J ］. Harvard Business Review, 1998, 76: 53–67.

［ 2 ］ Aaker J L, Benet-Martinez V, Garolera J. Consumption symbols as carriers of culture: a study of Japanese and Spanish brand personality constucts ［ J ］. Journal of Personality and Social Psychology, 2001, 81（ 3 ）: 492.

［ 3 ］ Ashman R, Solomon M R, Wolny J. An old model for a new age: Consumer decision making in participatory digital culture ［ J ］. Journal of Customer Behaviour, 2015, 14（ 2 ）: 127–146.

［ 4 ］ Cengiz H, Akdemir-Cengiz H. Review of brand loyalty literature: 2001–2015 ［ J ］. Journal of Research in Marketing, 2016, 6（ 1 ）: 407–434.

［ 5 ］ Churchill Jr G A, Surprenant C. An investigation into the determinants of customer satisfaction ［ J ］. Journal of Marketing Research, 1982, 19（ 4 ）: 491–504.

［ 6 ］ Cuc S. A managerial approach of customer satisfaction drivers in the clothing industry ［ J ］. Management & Marketing-Craiova, 2010（ 2 ）: 334–342.

［ 7 ］ De Chernatony L, Dall'Olmo Riley F. Defining a " brand": beyond the literature with experts' interpretations ［ J ］. Journal of Marketing Management, 1998, 14（ 5 ）: 417–443.

［ 8 ］ Fiore A M, Lee S E, Kunz G. Individual differences, motivations, and willingness to use a mass customization option for fashion products ［ J ］. European Journal of Marketing, 2004, 38（ 7 ）: 835–849.

［ 9 ］ Flint D J, Woodruff R B, Gardial S F. Exploring the phenomenon of customers' desired value change in a business-to-business context ［ J ］. Journal of Marketing, 2002, 66（ 4 ）: 102–117.

［ 10 ］ Fornell C, Johnson M D, Anderson E W, et al. The American customer satisfaction index: nature, purpose, and findings ［ J ］. Journal of Marketing,

1996, 60 (4): 7-18.

[11] Raimondo M A, Farace S. Customer attitude and dispositions towards customized products: the interaction between customization model and brand [J]. Journal of Interactive Marketing, 2013, 27 (3): 209-225.

[12] Holbrook M B. Consumer value: a Framework for Analysis and Research [M]. Psychology Press, 1999.

[13] Kaiser U, Schreier M, Janiszewski C. The self-expressive customization of a product can improve performance [J]. Journal of Marketing Research, 2017, 54 (5): 816-831.

[14] Lemon K N, Verhoef P C. Understanding customer experience throughout the customer journey [J]. Journal of Marketing, 2016, 80 (6): 69-96.

[15] Maurya U K, Mishra P. What is a brand? A Perspective on Brand Meaning [J]. European Journal of Business and Management, 2012, 4 (3): 122-133.

[16] Merle A, Chandon J L, Roux E, et al. Perceived value of the mass-customized product and mass customization experience for individual consumers [J]. Production and Operations Management, 2010, 19 (5): 503-514.

[17] Schreier M. The value increment of mass-customized products: an empirical assessment [J]. Journal of Consumer Behaviour, 2006, 5 (4): 317-327.

[18] Sheth J N, Newman B I, Gross B L. Why we buy what we buy: a theory of consumption values [J]. Journal of Business Research, 1991, 22 (2): 159-170.

[19] Tse D K, Wilton P C. Models of consumer satisfaction formation: an extension [J]. Journal of Marketing Research, 1988, 25 (2): 204-212.

[20] Woodruff R B. Customer value: the next source for competitive advantage [J]. Journal of the Academy of Marketing Science, 1997, 25 (2): 139-153.

[21] Zeithaml V A. Consumer perceptions of price, quality, and value: a means-end model and synthesis of evidence [J]. Journal of Marketing, 1988, 52 (3): 2-22.

三、网页参考

［1］中企品研.2015年度第一届中国顾客满意度指数（C-CSI）研究结果.2015.

［2］中企品研.2020年度第六届中国顾客满意度指数（C-CSI）研究结果.2020.

［3］贾斯珀·利特曼.定制萨维尔街西装.2021.

附　录

关于柔性化定制趋势下定制服装品牌忠诚度的调查问卷

您好！

首先对您在百忙之中接受本问卷的调查表示诚挚的谢意！本问卷是为了了解顾客对定制服装的感知价值、顾客满意度及品牌忠诚度而设计的，烦请您根据自己的服装定制经历在百忙之中完成这份问卷，所需时间大约为五分钟。我们需要了解您的真实想法，并会为您的回答严格保密。您的答案没有正确与错误的区别，只要是您的真实想法，对我们都是莫大的帮助。我们承诺所获取的数据仅作为研究之用，不会用作其他任何用途。谢谢！

如果您接受过品牌服装定制这一服务，烦请您根据曾经线上定制服装的经历，对以下对应的问题进行判断，并在相应的数字上打"√"（注：1～5分，1表示"非常不满意"、2表示"很不满意"、3表示"一般"、4表示"比较满意"、5表示"非常满意"）。

题目编号	题项	认同度 1表示"非常不满意"、2表示"很不满意"、3表示"一般"、4表示"比较满意"、5表示"非常满意"
品牌形象		
1	BI1：品牌公司研发和创新能力会影响我的最终决定	1 2 3 4 5
2	BI2：品牌公司口碑会影响我的最终决定	1 2 3 4 5
3	BI3：定制服装有多种款式供我选择、新颖多样	1 2 3 4 5
4	BI4：品牌定制服装的消费者个性十足且很有品位	1 2 3 4 5
5	BI5：品牌的定制体验服务非常周到	1 2 3 4 5
6	BI6：品牌为顾客提供的便利服务设施良好	1 2 3 4 5

题目编号	题项	认同度 1表示"非常不满意"、2表示"很不满意"、3表示"一般"、4表示"比较满意"、5表示"非常满意"
	品牌个性	
7	BP1：该品牌提供的定制可以反映出我的风格	1 2 3 4 5
8	BP2：该定制服装品牌风格延续性好	1 2 3 4 5
9	BP3：该定制服装品牌设计时尚	1 2 3 4 5
10	BP4：该品牌定制的服装品质值得信赖	1 2 3 4 5
11	BP5：通过服装定制，与其他品牌的服装出现差异化	1 2 3 4 5
	感知体验	
12	PE1：定制服装可以满足部分身材特殊人群的着装合体性需求	1 2 3 4 5
13	PE2：在品牌服装定制过程中，很享受参与设计的过程	1 2 3 4 5
14	PE3：品牌服装定制激发了我的创意与好奇心	1 2 3 4 5
15	PE4：参与定制，改变原有的服装样式很愉快	1 2 3 4 5
	感知质量	
16	PQ1：该品牌提供的定制服装的面料符合我的需要	1 2 3 4 5
17	PQ2：该品牌提供的定制服装的款式符合描述情况	1 2 3 4 5
18	PQ3：该品牌提供的定制服装的颜色很符合其描述情况	1 2 3 4 5
19	PQ4：该品牌提供的定制服装的号型尺寸很标准	1 2 3 4 5
20	PQ5：该品牌提供的定制服装的工艺很符合描述情况	1 2 3 4 5
21	PQ6：该品牌定制服装的设计细节让我满意	1 2 3 4 5
22	PQ7：该品牌提供的售后服务/会员服务让我满意	1 2 3 4 5
	感知价值	
23	PV1：我定制的这个品牌的服装确实物有所值	1 2 3 4 5
24	PV2：我定制的这个品牌的服装性价比很高	1 2 3 4 5
25	PV3：定制这个品牌的服装比定制别的品牌划算	1 2 3 4 5
26	PV4：这个品牌的服装价格公平合理	1 2 3 4 5
	顾客满意度	
27	CS1：定制该品牌的服装是非常明智的	1 2 3 4 5
28	CS2：我觉得穿该品牌定制的服装非常愉快	1 2 3 4 5
29	CS3：该品牌的定制服装质量与服务比我预期的要好很多	1 2 3 4 5
30	CS4：总的来讲，我对该品牌提供的定制服装和服务非常满意	1 2 3 4 5

题目编号	题项	认同度 1表示"非常不满意"、2表示"很不满意"、3表示"一般"、4表示"比较满意"、5表示"非常满意"
	品牌忠诚度	
31	BL1：如果下次定制服装，我还会选择这个品牌	1 2 3 4 5
32	BL2：我会向别人推荐这个品牌	1 2 3 4 5
33	BL3：我愿意再次定制这个品牌的服装	1 2 3 4 5
34	BL4：短期内不会转换到其他定制服装品牌	1 2 3 4 5
35	BL5：如果定制服装价格上涨，我愿意对该品牌支付相应的价钱	1 2 3 4 5
36	我的性别： A.男　　B.女	
37	我的年龄： A.18岁以下　B.18~25岁　C.25~40岁　D.40~60岁	
38	我的受教育程度： A.专科及以下　B.本科　C.研究生　D.研究生以上	
39	我现在的职业： A.国家机关、党群组织、企事业单位负责人 B.专业技术人员 C.办事人员和有关人员 D.商业、服务业人员 E.军人 F.农、林、牧、渔、水利业生产人员 G.生产、运输设备操作人员及有关人员	
40	我的月收入： A.3000元以下 B.3000~5000元 C.5000~10000元 D.10000~30000元 E.30000元以上	